Ingvar Stenström

Interlingua

Instrumento moderne de communication international

1 • Textos

2 • Erläuterungen auf Deutsch

von
Dr. Richard Zimmermann
und Peter Liebig
(überarbeitet von Dr. Sven Frank)

Deutsche Interlingua Union

ISBN 978-3-00-033340-8
Zeichnungen von Lennart Jäger

Herausgeber: Deutsche Interlingua Union
Zweite überarbeitete Auflage 2010
Druck: Lulu, www.lulu.com
Für weiteres Studium:
André Schild: Deutsch-Interlingua Wörterbuch
(mit Ergänzungen von Dr. Helmut E. Ruhrig)
Weitere Informationen zu Interlingua erhalten Sie bei der Deutschen Interlingua Union, Cassa postal 12 06 10, D-68057 Mannheim, www.interlinguaunion.de

Contento/Inhalt

Dieser Lehrgang besteht aus zwei Teilen
1 • Textos – vollständig in Interlingua und
2 • Erklärungen bisher in 14 Sprachen publiziert

Introduction/Einleitung

Alle in Europa entstandenen Sprachen haben einen umfassenden gemeinsamen Wortschatz griechischen und lateinischen Ursprungs. Am häufigsten findet man diese Wörter natürlich in den Tochtersprachen des Latein, dem Italienischen, Spanischen, Portugiesischen, Französischen und Rumänischen, aber auch in den meisten anderen Sprachen wie z.B. dem Deutschen sind sie als "Fremdwörter" vorhanden.

Diese "Sprache in den Sprachen" wurde von 1924 bis 1951 von einem sprachwissenschaftlichen Institut registriert und, mit einer stark vereinfachten Grammatik versehen, unter der Benennung INTERLINGUA veröffentlicht. Diese internationale Sprache wird durch diesen Lehrgang der deutschsprechenden Öffentlichkeit angeboten.

Der Lehrgang will

1. ein Hilfsmittel zum Verständnis des Aufbaues und der Herkunft internationaler Wörter sein. Fremdwörter sind beim Lesen von wissenschaftlichen und technischen Texten dem Studierenden oft ein Hindernis, das es zu beseitigen gilt. Wer Latein nicht beherrscht kann hier *die* Kenntnisse erwerben, die unentbehrlich sind, um solche Schwierigkeiten zu bewältigen.
2. die aktive Kenntnis der 1.400 international oft benutzten Wortstämme, der Wortbildung und der einfachen Grammatik vermitteln. So kann jeder Interlingua als *neutrale internationale Sprache* erlernen und als Verständigungsmittel für seine Zwecke verwenden.

Dies ermöglicht es z.B. wissenschaftliche Erkenntnisse und Ergebnisse der Forschung zu veröffentlichen und einem breiten Leserkreis akademisch gebildeter Personen in aller Welt zugänglich zu machen, denn jeder Akademiker kann einen Fachtext in Interlingua ohne besondere Vorstudien lesen und verstehen.

Touristen und Geschäftsleute können sich in Ländern mit einer romanischen Sprache in Südeuropa, Mittel- und Südamerika mit Interlingua in Hotels, bei Behörden, beim Arzt, in Geschäften usw. gut verständigen.

Weiterhin kann man sich aktiv an der international verbreiteten Bewegung zur Förderung von Interlingua und dessen Einführung an den Schulen in Deutschland, Österreich und der Schweiz beteiligen. So würde beispielsweise eine internationale Vereinbarung auch von nur 10 bis 20 Staaten mit der Zusicherung, Interlingua mit 100 bis 200 Lektionen als Unterrichtsfach in allen Schulen einzuführen und eventuell auch als Unterrichtsprogramm im Fernsehen oder Radio laufen zu lassen, eine Revolution auf dem Gebiet der internationalen Kommunikation bedeuten.

Was ist Interlingua?

Der Leser muss sich vor allem von der Ansicht frei machen, dass es sich bei dieser Sprache um eine Art neues Esperanto handelt. – *Interlingua wurde nicht erfunden. Es stellt die systematische Anwendung des internationalen Wortschatzes, der faktisch seit Jahrhunderten existiert, dar und besteht versteckt als "Sprache in den Sprachen" weiter.* Wie oben erwähnt ist Interlingua das Resultat der 1924 begonnenen sprachwissenschaftlichen Forschungen der *IALA* (*International Auxiliary Language Association*). Sie wurde 1951 mit der Herausgabe des *Interlingua-English Dictionary* (*IED*) und der *Interlingua Grammar* (*IG*) durch Dr. Alexander Gode von Aesch und Hugh E. Blair abgeschlossen. Die IALA wurde u.a. von dem Chemiker Frederick Cottrell gegründet und von Mrs. Alice Morris, der Carnegie Foundation und Rockefeller Foundation großzügig finanziell unterstützt. Das Forschungszentrum befand sich zunächst in Liverpool. Bei Ausbruch des 2. Weltkrieges wurde es nach New York verlegt. Es stand dort unter der Leitung von E. Clark Stillman, Dr. Alexander Gode und Professor André Martinet von der Sorbonne. Zum Schluss leitete das Forschungszentrum der in Bremen geborene Dr. Alexander Gode von Aesch, der in den 20er Jahren in die USA übergesiedelt war. Unter den Philologen, die beratend mitarbeiteten, befand sich auch der weltberühmte dänische Anglist, Professor Otto Jespersen.

Als erstes stellte sich die IALA die Aufgabe zu untersuchen, ob ein Kompromiss zwischen einer Reihe von Hilfssprachen wie Esperanto, Nov-Esperanto, Ido und anderen möglich sei. Das führte zu keinem Erfolg. Die Sprachwissenschaftler gelangten vielmehr zu der *Auffassung, dass eine internationale Sprache nicht erst geschaffen zu werden braucht, da sie bereits als verborgener Bestandteil in Form der Lehn- und Fremdwörter überwiegend lateinischer und griechischer Herkunft in allen modernen Sprachen vorkommt.* In erster Linie finden sich diese internationalen Wörter in den romanischen Sprachen, zu denen z.B. das Französische, das Spanische, das Portugiesische, das Italienische oder das

Rumänische gehören. Aber auch im Englischen, dessen Wortschatz zu etwa 65% romanischen Ursprungs ist! Diese Sprachen sind Muttersprachen von mehr als 1.000 Millionen Menschen, und weitere Millionen kennen sie als Amts- und Schulsprachen. In anderen Sprachen ist der Anteil internationaler Lehn- und Fremdwörter wesentlich höher, als allgemein angenommen wird, so z.B. im Deutschen, in den skandinavischen und slawischen Sprachen.

Von Studentinnen und Studenten, die nach Abschluss der allgemeinbildenden Schulen ein Studium an einer Universität oder Hochschule beginnen, sollte man voraussetzen können, dass sie wissenschaftliche Texte verschiedener Art lesen und verstehen können, ohne ein Wörterbuch benutzen zu müssen. Die Antwort auf die Frage, wie das in der Praxis aussieht, kann sich jeder auf Grund der Fakten selbst geben. Wer sich aber mit dem Kulturgut der Menschheit vertraut machen muss oder will, benötigt einen umfangreichen Fremdwortschatz, der vorwiegend durch den Fremdsprachenunterricht vermittelt werden soll. Das Erlernen beziehungsweise das Studium der lateinischen und der griechischen Sprache ist ein guter aber recht mühevoller Weg und, wie man heute längst schon begriffen hat, in vielen Fällen ein Umweg. Aber auch der moderne Fremdsprachenunterricht hat seine Probleme. Neben hohen Kosten beansprucht er einen beträchtlichen Teil des Stundenplanes der betreffenden Bildungseinrichtungen und bindet Kraft und Zeit der Lernenden. Der größte Teil der Schüler- bzw. Studentenschaft ist sich darüber einig, dass die kostbare Zeit sinnvoller genutzt wäre, wenn man sie für das jeweilige Sachgebiet des Studiums verwenden würde, anstatt sie für Sprachstudien von zweifelhaftem Nutzen zu vergeuden. Da eine Fremdsprache erfahrungsgemäß nicht ausreicht, werden die Lernenden einer Kombination wenigsten zweier Fremdsprachen unterworfen, z.B. Englisch-Französisch, Englisch-Spanisch, Englisch-Russisch usw. – ein aufwendiges Verfahren mit Ergebnissen, bei denen Aufwand und Nutzen oft in einem krassen Missverhältnis stehen. Interlingua hilft hier, eine fühlbare Lücke in der Allgemeinbildung zu schließen. Wer Interlingua anwenden kann, dem ist diese Sprache eine große Hilfe beim Erlernen des Latein, der romanischen Sprachen oder auch des Englischen.

Zeitweise wurde z.B. an schwedischen Gymnasien dieser gemeinsame internationale Wortschatz als eigenständiges Fach gelehrt. Man bezeichnete es als "Allmän språkkunskap" (allgemeine Sprachkunde). Zutreffender wäre die Bezeichnung "Fremdwortkunde". Dieses Fach ersetzte z.T. den Lateinunterricht als Pflichtfach im humanistischen Bereich. Leider unterrichtete man es nicht als Pflichtfach in den naturwissenschaftlich-technischen Zweigen. Aber gerade dort ist der Bedarf an Terminologie und Wortbildungsmethode am größten.

In diesem Zusammenhang sei nur an das sehr geringe sprachliche Interesse gerade bei Schülern der naturwissenschaftlichen und technischen Zweige gedacht, das von allen Lehrern in Gymnasien, Hochschulen und Universitäten so bitter beklagt wird. Es fällt sicher nicht schwer einzusehen, dass ein selbst kurzer Interlingua-Kurs hier außerordentlich nützlich sein könnte. Dass die betreffende Schülerkategorie diese Einsicht von sich aus begreifen kann, beweist die Tatsache, dass an Bildungseinrichtungen, wo Interlinguatexte als Unterrichtsmaterial verwendet werden, Schüler aus technischen Bereichen sich aus eigenem Antrieb für das Fach "Fremdwortkunde" entscheiden. Viele Jahre war das z.B. am Varberger Gymnasium (Schweden) der Fall.

In Deutschland wird jedes Jahr von Neuem an den Schulen über den Sinn des Lateinunterrichtes diskutiert. Das Erlernen von Interlingua bringt dem Schüler oder Studenten alle Vorteile, die auch die lateinische Sprache mit sich bringt, allerdings gibt es keinerlei Nachteile oder zusätzliche Schwierigkeiten wie beim Latein (z.B. kompliziertere Grammatik als im Deutschen, fehlende Möglichkeit zur lebendigen Konversation, etc.). Ein sechsmonatiger Vergleichstest zwischen Interlingua- und Lateinunterricht würde jeden Pädagogen und Sprachwissenschaftler von dieser internationalen Sprache überzeugen.

Interlingua als modernes Kommunikationsmittel in der Welt von heute

Um etwas in Interlingua veröffentlichen zu können, muss man natürlich mehr Wörter erlernt haben und über größere Sprachfertigkeiten verfügen als es mit einem Anfänger-Lehrbuch von 30 Lektionen möglich ist. – Der "Interlingua-English Dictionary" enthält 27.000 Vokabeln, darunter viele Spezialbegriffe. Dieses Wortgut wurde nach *dem* Prinzip ausgewählt, ob das betreffende Wort in mindestens drei der folgend genannten Sprachen vorkommt: Englisch, Französisch, Italienisch, Spanisch, Portugiesisch, Russisch und Deutsch. Die ausgewählten Wörter standardisierte man nach Normen, die im Vorwort zum IED dargelegt sind.

Im Gegensatz zu anderen internationalen Sprachen wird Interlingua auch außerhalb der eigenen Bewegung anerkannt und angewendet, z.B.

von der Wissenschaft. Es ist bekannt, dass dieses Gebiet zu denjenigen gehört, die von einer Hilfssprache am schwersten zu "erobern" sind. Binnen einiger Jahre begann eine Reihe meist medizinischer Zeitschriften ihr Resümee in Interlingua (in Cuba, Dänemark, Peru, Polen und den USA) zu veröffentlichen. Von mehr als 10 Kongressen wurden die Vor-Referate in Interlingua herausgegeben.

Dass Interlingua auch als Verständigungsmittel in der Unterhaltung mit Leuten, die Interlingua nicht gelernt haben, aber Italienisch, Spanisch oder Portugiesisch als Muttersprache sprechen, sehr gut funktioniert, ist durch die praktische Anwendung vielfach bewiesen.

Interlingua als internationale Sprache einer fortschrittlicheren Zukunft

Infolge wirtschaftlicher, kultureller oder politischer Vorrangstellung sind im Verlauf der Jahrhunderte verschiedene Nationalsprachen zu "Weltsprachen" geworden. Das waren beispielsweise Latein und Griechisch im Römischen Weltreich. Nach dessen Verfall erhielt sich das Latein als Sprache der Gelehrten bis zum Ausgang des Mittelalters. Heute wird es noch innerhalb der katholischen Kirche benutzt. Französisch diente den Diplomaten im 16. und 17. Jahrhundert als Verständigungssprache. Bis in die Gegenwart reicht die weltumspannende Verständigungsrolle des Englischen. Und wir sind Zeugen der Tatsache, dass weitere Sprachen in der Welt Verbreitung finden wie z.B. Russisch und Chinesisch. **Keine dieser Sprachen könnte ohne den Nachdruck durch Wirtschaft, Politik, Kultur u.a. ihre Positionen erobern und halten**.

Die Dynamik, die Interlingua eine solche Sonderstellung sichern kann, ergibt sich aber nicht aus einem Herrschaftsanspruch. Stattdessen ergibt sie sich aus der zwanglos gewachsenen Universalität einer technologischen Kultur, die über die gesamte Welt verbreitet ist, und deren gemeinsame Terminologie ihren Ursprung in der griechisch-römischen Kultur hat.

Nun könnte man vielleicht fragen, ob nicht die englische Sprache als Welthilfssprache geeignet sei, mit der man die mögliche Lösung des Weltsprachproblems herbeiführen könnte. Englisch wird ja bereits in fast allen Ländern der Erde gelehrt und gelernt, auch in Asien oder in den arabischen Ländern. Fest steht jedoch, dass das sprachliche Äußern in Englisch dem Nicht-Engländer erhebliche Schwierigkeiten bereiten kann und vielfach auch bereitet. Erarbeitete Texte in Englisch durch Nicht-

Engländer bedürfen immer der korrigierenden Hilfe der Englisch-Experten. Eine andere Frage ist es, ob die großen Nationen dem United Kingdom und den Vereinigten Staaten von Amerika das Privileg zugestehen werden, für alle Zukunft das Englische als alleinige Amts- und Verhandlungssprache zu benutzen. Seit dem 2. Weltkrieg werden zur internationalen Kommunikation immer mehr Sprachen verwendet: Der Völkerbund hatte als offizielle Sprachen nur zwei: Englisch und Französisch. Die UNO kommt aber damit nicht aus. Zu ihren Arbeitssprachen gehören sechs Sprachen: Englisch, Französisch, Russisch, Spanisch, Chinesisch, Arabisch. – Aktuell arbeitet die Europäische Union mit 23 offiziellen Sprachen. Das bringt, wie die Praxis beweist, ständig große Hindernisse mit sich. – Die sogenannte Simultan-Übersetzung auf internationalen Kongressen durch eigene dafür angestellte Dolmetscher ist eine mit erheblichen Mängeln behaftete Ersatzlösung. Alles Gesagte muss gewissermaßen mehrfach gesagt werden, weil es in andere Sprachen übersetzt wird. Und ob da jeder Konferenzteilnehmer eine exakte Übersetzung in seine Muttersprache geliefert bekommt darf wohl mit Recht angezweifelt werden. Aber auch so schon verschlingen Simultanübersetzungen astronomische Summen und beanspruchen sehr viel Zeit und Energie.

herauszukommen. Das ist die Verwendung einer von Allen leicht zu erlernenden internationalen Sprache. Weil keine der Nationalsprachen den Anforderungen gerecht werden kann, die an eine internationale Sprache gestellt werden müssen, wurden eine Unmenge Versuche gemacht, um eine Sprache zu erfinden oder zu konstruieren. Einer der ersten Versuche mit nennenswerter Verbreitung war das Volapük des deutschen katholischen Priesters Johann Martin Schleyer im Jahre 1880. Die Schwächen dieser Kunstsprache führten bald dazu, dass das Esperanto des damals 27jährigen polnischen Augenarztes Ludwig Zamenhof Volapük überrundete. Esperanto wurde 1887 veröffentlicht. Es ist im Prinzip auf lateinischen Wortstämmen aufgebaut, vermischt diese jedoch recht willkürlich mit englischen wie z.B. 'birdo' oder 'ŝi', mit ganz- oder halbdeutschen, russischen oder griechischen wie z.B. 'nur', 'bleki', 'nepre', 'kaj' oder mit völlig erfundenen Wortstämmen. Die Grammatik ist künstlich, frei erfunden und mit besonderen Extras ausgestattet wie z.B. den Partizip-Endungen -inta, -anta, -onta, -ita, -ata, -ota oder der obligatorischen Akkusativendung -n, die von sehr vielen Esperantisten nicht gut beherrscht wird. Esperanto ist ausdrucksvoll, jedoch kaum außerhalb des Kreises eingeschworener Esperantisten zu verwenden. Der Anteil deutscher und russischer Wörter ist im Esperanto zu gering, um es Deutschen wie Russen leichter zu machen. Zusammen aber mit den erfundenen Wortkonstruktionen sind sie zu zahlreich, um von Angehörigen selbst romanischer Völker ohne Vorstudien verstanden zu werden. Für Asiaten und Afrikaner nimmt sich Esperanto genau so abendländisch wie Interlingua aus. Einen Unterschied aber gibt es: Interlingua schenkt ihnen ein wertvolles "Nebenprodukt", den gemeinsamen Wortschatz der abendländischen Sprachen in unveränderter Form. Es kann grotesk anmuten, das international bekannte Wort für "Schule" 'schola' gegen das Esperantowort "lernejo" auszutauschen.

Trotz ununterbrochener und wohlgemeinter Propaganda haben die Esperanto-Anhänger die Zahl ihrer organisierten Mitglieder in der Welt nicht auf 20.000 bringen können – nach über 100 Jahren!

Hier eine Textprobe in Esperanto (1887): Ĉiam kiam oni diskutas tiajn problemojn en la Unuiĝintaj Nacioj kaj en aliaj internaciaj organizaĵoj, preskaŭ ĉiuj ŝajnas nescii ke ekzistas aliaj eblaj solvoj, ne tiel neraciaj.

Dieser Text in Interlingua (1951): Sempre quando on discute tal problemas in le Nationes Unite e in altere organisationes international, quasi omnes sembla ignorar que existe altere solutiones possibile, non si irrational.

Das eigentliche Problem liegt wohl darin, dass man als Welthilfssprache eine Sprache anbieten muss, deren Einführung psychologisch möglich ist. Interlingua hat diese Voraussetzung. Es ist ein realistisches Projekt. Interlingua wird in dieser Hinsicht auch von denen, die eine Weltsprache als Utopie betrachten, schon bald als anwendbar und nützlich anerkannt werden müssen.

Wenn Sie sich mit Interlingua beschäftigen, werden Sie sehr schnell von den Vorteilen dieser Sprache überzeugt sein. Zwischenzeitlich gibt es im deutschsprachigen Raum Bibliotheken, die Literatur in Interlingua zur Verfügung stellen (unter anderem die Österreichische Nationalbibliothek in Wien) und immer mehr touristische Websites werden neben Deutsch auch in Interlingua präsentiert. Es gibt nationale Interlinguatreffen, internationale Konferenzen, Radio Interlingua, uvm. Es ist klar, wohin diese Entwicklung führt. Tauchen Sie ein, in die faszinierende Welt internationaler Kommunikation des 21. Jahrhunderts. Mehrere Millionen Zuhörer warten auf Sie!

Von ganzem Herzen danke ich Bent Andersen für seine hingebungsvolle redaktionelle Unterstützung bei der Vorbereitung des Manuskriptes. Ebenso vielen Dank an Erik Enfors und Thomas Breinstrup für die wertvolle Hilfe.

Des Weiteren danke ich Dr. Richard Zimmermann und Peter Liebig für die erste Ausgabe des Kurses in deutscher Sprache und Sven Frank für die Überarbeitung und Aktualisierung.

Ingvar Stenström

Danksagung
(Schwedische Originalausgabe, 1972)

Mein herzlichster Dank für Ideen, Ratschläge und unbezahlbare Hilfe bei der Durchsicht meiner Entwürfe geht an Bent Andersen, Erik Berggren M.A., Harald Björkman (Hochschullehrer), Dr. Gunnar Bäärnhielm (Fortbildungsbeauftragter) und John Nordin (Technischer Leiter). Ein besonders liebevolles Dankeschön geht auch an meine Schüler des Varberger Gymnasiums, die mit dem Ziel, ihren internationalen Basiswortschatz zu erweitern, diesen Kurs als spezielle Unterrichtseinheit in allgemeiner Sprachkunde verwendeten.

Ich widme diesen Kurs meiner Ehefrau Berit.

Ingvar Stenström

Textos

1 Lection un/Prime lection

Vos vide un[1] libro, un libro nigre[4]. Le[2] libro es nigre. Esque le libro es nigre? Si, illo[6] es nigre. Esque le libro es grande? No, senior, le libro non[11] es grande; illo es micre. – Io prende[8] un libro blanc. Nunc io ha duo libros[3]. Un libro + (plus) un libro = (es) duo libros. Esque io ha duo libros nigre[5]? No, senior, vos ha un libro nigre e un libro blanc.

Ecce un senior! Ille es elegante. Que face[8] ille? Ille sta ante un banco. Esque on vide duo seniores[3]? No, on vide solmente un senior, ma ille non es sol. Un seniora sede sur le banco.

2 Lection duo/Secunde lection

Le juvene senior reguarda le juvene dama. Illa[6] es un senioretta belle, e ille la[7] reguarda con interesse. Nostre amico es un senior elegante, ma illa tamen le[7] reguarda sin interesse. – Nos debe constatar[9] iste facto “tragic” jam nunc. – Ille pensa: “Io es fatigate; io debe seder[9].” Ille dice a illa:[12] “Excusa[10] me, senioretta! Esque vos permitte que io me sede?” Illa non responde per parolas, ma face un signo con le capite.

QUESTIONES

1. Que face le senior? 2. Esque ille la reguarda sin interesse? 3. Qui es elegante? 4. Que pensa le juvene senioretta? 5. Esque le senior es *multo* fatigate?

Lection tres/Tertie lection

3

In lection 4 (quatro) nos vide le continuation del[14] historia in lection 2.

Nunc nos conta: 0 = zero

1 = un	1^{e} = prime
2 = duo	2^{e} = secunde
3 = tres	3^{e} = tertie
4 = quatro	4^{e} = quarte
5 = cinque	5^{e} = quinte
6 = sex	6^{e} = sexte
7 = septe	7^{e} = septime
8 = octo	8^{e} = octave
9 = novem	9^{e} = none
10 = dece	10^{e} = decime
11 = dece-un	11^{e} = dece-prime
20 = vinti	20^{e} = vintesime
21 = vinti-un	21^{e} = vinti-prime
30 = trenta	30^{e} = trentesime
40 = quaranta	40^{e} = quarantesime
50 = cinquanta	50^{e} = cinquantesime
60 = sexanta	60^{e} = sexantesime
70 = septanta	70^{e} = septantesime
80 = octanta	80^{e} = octantesime
90 = novanta	90^{e} = novantesime
100 = cento	100^{e} = centesime
1000 = mille	1000^{e} = millesime

2487 = duo milles quatro centos octanta-septe
1951 = mille novem centos cinquanta-un
1000000 = un million; duo milliones etc.

+ plus
– minus
× vices
: dividite per
= es

4 Lection quatro/Quarte lection

Quando illes sedeva[15] ibi, sur le banco, un presso le altere, un de su amicos /de ille/[28] passava. Ille salutava, ma nostre heroe non videva, non audiva. Altere cosas le absorbeva troppo, e ille non le remarcava. Tunc le amico se approchava e critava a voce forte: "Bon die, Hugo! Como sta tu?" – "Eh ... oh, salute! Gratias, ben! E tu?" respondeva Hugo, qui se sentiva embarassate. Illes parlava alcun minutas, ma le conversation non esseva interessante.

QUESTIONES

1. Ubi es nunc le juvene senioretta e le juvene senior? 2. Esque illes es sol? 3. Como dicer "parlar a voce forte" per un altere parola? 4. Proque non responde nostre heroe? 5. Que debeva facer le amico de Hugo pro salutar le? 6. A que pensava Hugo? 7. Proque le duo amicos non parlava longe tempore?

5 Lection cinque/Quinte lection

Quando le amico le ha abandonate[16], Hugo pote lassar su pensatas retornar a iste juvene femina charmante. Ille ha discoperite[16] un maniera de informar se concernente illa. Illa lege un libro. Ille, qui es in general un homine assatis discrete, es hodie un poco indiscrete[29]. Ille reguarda in su libro de illa[28] e vide que illa lege un libro re le Nationes Unite[16] e altere organisationes international. Illo es scribite[16] in interlingua – le moderne idioma auxiliar que ille ha vidite[16] utilisate in libros e periodicos medical. Hugo es un studente de medicina e vole devenir un medico.

QUESTIONES
1. Que face le juvene femina? 2. Que face Hugo? 3. Proque ha ille devenite indiscrete? 4. Qual libro lege illa? 5. In que lingua es le libro scribite? 6. Ubi ha Hugo vidite iste lingua? 7. Ha ille legite le libro?

6 Lection sex/Sexte lection

Ille prende un decision: “Io apprendera[17] iste lingua. Io comenciara immediatemente. Io visitara un bibliotheca pro cercar un manual e un dictionario.” – Quando ille habeva retornate a casa, ille attaccava con grande diligentia le programma de studio que ille habeva[18] fixate pro hodie. Ille intendeva apprender multo[19] rapidemente[19] su prime lection de interlingua. Le thema del lection es: “Le division del tempore”. Primo[19] ille apprendeva le nomines del dece-duo menses del anno: januario, februario, martio, april, maio, junio, julio, augusto, septembre, octobre, novembre, decembre.

QUESTIONES

1. Esque Hugo pote leger interlingua? 2. Proque vole ille apprender iste lingua? 3. Que intendeva ille facer in le bibliotheca? 4. Esque ille es diligente? 5. Explica (= Dice) in interlingua lo que un "dictionario" es! 6. A que utilisa vos un "manual"?

7 Lection septe/Septime lection

Tosto ille habeva apprendite le nomines del menses. Isto le semblava multo facile[20], e postea (= post isto) ille legeva a voce alte le septe dies del septimana: dominica[20], lunedi, martedi, mercuridi, jovedi, venerdi, sabbato. Dominica significa "le die del Domino Deo", lunedi es in latino "lunae dies", i. e. "le die del luna", martedi es "le die del deo del guerra, Mars (Marte)" ("Martis dies"), mercuridi "le die de Mercurius (Mercurio)" ("Mercurii dies"), jovedi "le die de Jupiter (Jove)" ("Jovis dies"), venerdi "le die del dea del amor, Venus (Venere)" ("Veneris dies"). Sabbato es de origine[20] hebree.

"Il es importante que io los sape ben pro poter fixar le datas e dies de mi[28] incontros futur con ILLA", ille murmurava.

Jam Hugo soniava de novo supra su manual de interlingua!

QUESTIONES

1. Esque le nomines del menses es difficile in interlingua? 2. Quando pote on vider le luna, in le die o in le nocte? 3. Que es le adjectivo correspondente al substantivo "origine"? 4. Hugo "murmura". Esque ille parla a voce alte o basse? 5. Proque vole ille apprender si ben le nomines del dies? 6. Ha Hugo ben apprendite le dies? (Vide le illustration!)

Lection octo/Octave lection 8

Hugo faceva un effortio pro concentrar su pensatas e continuar su studio:

“Trenta dies in novembre,
in april, in junio e septembre,
vinti-octo in solo un,
in omne alteres trenta-un.”

Le anno es dividite[21] in 365 (tres centos sexanta-cinque) dies. Un die consiste de vinti-quatro horas, un hora ha sexanta minutas e in cata minuta il ha sexanta secundas.

Tamben un secunda pote esser longe, benque illo es le periodo le plus curte[22] in le mesura practic del tempore. Quando on attende alcuna o alcuno, illo es longissime[23]. “Curte” (o “breve”) es le opposito de “longe”.

QUESTIONES

1. Que die es hodie? (Dominica etc.) 2. Que data es /il/ hodie? (Il es le prime /die/ de julio. Il es le /die numero/ octo de novembre, etc.) 3. Que hora es il? (Il es tres /horas/ e dece-novem /minutas/ = 3^h19. Il es quatro /horas/ e cinquanta /minutas/ = 4^h50 = dece minutas ante cinque = cinque horas minus dece /minutas/. 10^h15 = dece horas e dece-cinque o: dece horas e un quarto. 18^h30 = dece-octo horas e trenta o: dece-octo horas e un medie.) 4. Quando arriva le traino? (Le traino arriva a 20^h27 = a vinti /horas/ e vinti-septe o: a octo e vinti-septe del vespere o: del postmeridie.) 5. Que die esseva heri? 6. Que die essera deman? 7. A que hora arriva illes?

9 Lection novem/None lection

LE DIE DE HUGO. 1: LE MATINO

Nunc nos vole accompaniar Hugo durante un die ordinari de su vita.

A septe horas del matino un horologio eveliator face su ruito terribile su/pe/r le tabula presso le lecto de Hugo. Ille se[24] leva – sin grande enthusiasmo, io suppone – se rasa per un rasorio electric, brossa le dentes e se lava in le camera de banio e postea ille se vesti rapidemente.

Post haber preparate un jentaculo modeste ille mangia e lege le novas le plus importante in su jornal quotidian, que le postero le ha apportate de bon hora.

Phrases structural

io me rasa	nos nos rasa
tu te rasa	vos vos rasa
ille se rasa	illes se rasa
illa non se rasa	illas non se rasa
illo non se rasa	illos non se rasa
on se rasa	

Attention al position del pronomines personal: io me rasa, me rasava, me ha rasate, me rasara, me rasarea[27], ma: io debe rasar me. Rasa me! Vide § 25!

QUESTIONES

1. Como dicer "accompaniar" in altere parolas? 2. Esque vos ama dormir in le matino o levar vos de bon hora? 3. "Ha tu brossate tu dentes?" demanda le matre a su infante in le matino.

Scribe altere questiones que illa pote demandar in le matino!

10 Lection dece/Decime lection

LE DIE DE HUGO. 2: TRAVALIO

Ante le comenciamento del lectiones al universitate resta un hora, durante le qual[26] ille studia un libro de medicina. Ille lo lege con interesse, benque illo es multo difficile como omne libros medical. Illos sempre es difficile, nunquam simple o amusante. Un professor qui[26] veni ab un altere urbe va visitar les iste die e va pronunciar un discurso que[26] es multo importante. Le discurso del professor es importante, si, si, ma le pensatas del studente vola sovente a cosas que[26] non appertine al thema, a un certe parco, a un certe banco, a un certe puera, "de qui[26] io non mesmo cognosce le nomine, io idiota", ille pensa.

Post haber ascoltate duo discursos ille va a un bibliotheca pro continuar su studio usque al lunch (o: prandio) que[26] ille prende a mediedie in un restaurante modic ubi le studentes sole mangiar.

In le postmeridie le attende tres horas de studio e un demonstration in le clinica del hospital.

Post un altere repasto il es alora jam vespere e tempore pro retornar a casa.

Phrases structural (Pronomines relative)

Le pronomines es in:

NOMINATIVO	Le **persona/s/ qui** canta.
GENITIVO	Le **persona/s/ de qui** io cognosce le nomine/s/.
	Le **persona/s/ cuje** nomine/s/ io cognosce.

DATIVO	Le **persona/s/ a qui** io da le libro.
ACCUSATIVO	Le **persona/s/ que** io vide.
NOM.	Le **cosa/s/ que** es sur le tabula.
GEN.	Le **cosa/s/ de que** io cognosce le nomine/s/.
	Le **cosa/s/ cuje** nomine/s/ io cognosce.
DAT.	Le **cosa/s/ a que** on non pote parlar.
ACC.	Le **cosa/s/ que** io vide.

Le persona qui = le persona le qual etc.
Le personas qui = le personas le quales etc.
Le cosa que = le cosa le qual etc.
Vide § 26!

Lection dece-un/Dece-prime lection 11

"SI IO HABEVA PECUNIA, IO COMPRAREA UN AUTO ..."

Post un die inusualmente[29] dur nostre Hugo bicycla a casa. Le via es longe, e il es pesante bicyclar. "Si io habeva pecunia, io comprarea[27] un vetere auto", ille pensa. "In tal caso io donarea mi bicyclo a mi fratre qui sempre se lamenta que le sue[28] es si mal que illo es quasi inusabile[30]. Io non plus besoniarea viagiar per autobus quando il face mal tempore – e non me sentirea fatigate justo nunc! Un auto usate non costarea multo, ma probabilemente mi moneta non sufficerea. Il es inevitabile que un vetere auto exige reparationes. Un camerada qui possede un tal auto dice que illo costa summas incredibile.

QUESTIONES

1. Como veni Hugo a casa? 2. Proque pensa ille a un auto? 3. Proque non pensa ille a un nove auto? 4. Que facerea Hugo si ille habeva pecunia? 5. Que facerea vos?

Lection dece-duo/Dece-secunde lection

12

SYNOPSE DEL FORMAS VERBAL

A cinque horas:

Iste seniora es un cantatrice. Illa ama **cantar**. Illa **cantara** a sex horas.

Iste senior, in le confortabile, non ama le musica. A sex horas ille **suffrera** quando ille **audira** le cantatrice.

A duo minutas ante sex:

Illa **va cantar**.

A sex horas:

Le seniora **canta**, e nostre amico in le confortabile, ille **suffre** quando ille **audi** le cantar[31] del seniora.

A septe horas:

Le seniora **ha cantate**. Le senior **ha suffrite**.

Ille **ha audite** le musica infernal. Ille dice a un altere senior: "Inter sex horas e septe iste terribile femina **cantava**. Oh, como io **suffreva**! Io **audiva** sonos infernal, benque io probava **coperir** mi aures per le manos pro non **audir**." Le altere senior respondeva: "Iste femina es mi marita. Vos ha suffrite un hora, io – un vita ..."

Iste cantatrice *non* es Birgit Nilsson. Illa non face le homines **suffrer**.

Imperativos

Canta plus forte! Non **suffre**, amico! **Audi** le tonos bellissime!

Conditional

Si on lo permitteva, illa **cantarea** sempre, io **sufferea** constantemente, e io **audirea** sin interruption su terribile voce.

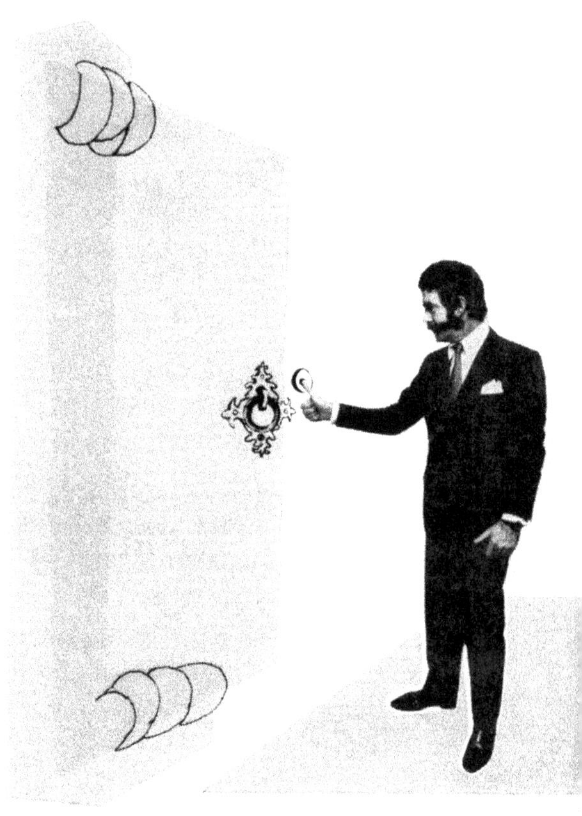

13 Lection dece-tres/Dece-tertie lection

"LE PROFESSOR DEL ROSAS BRUN"

Un die Hugo debeva visitar un professor de medicina pro dar le un essayo – un parte de su examination.

De facto Hugo habeva visitate iste professor un vice antea – o plus tosto su jardin – in le nocte e sin esser invitate. A ille[32] visita ille pensava nunc, passante[34]

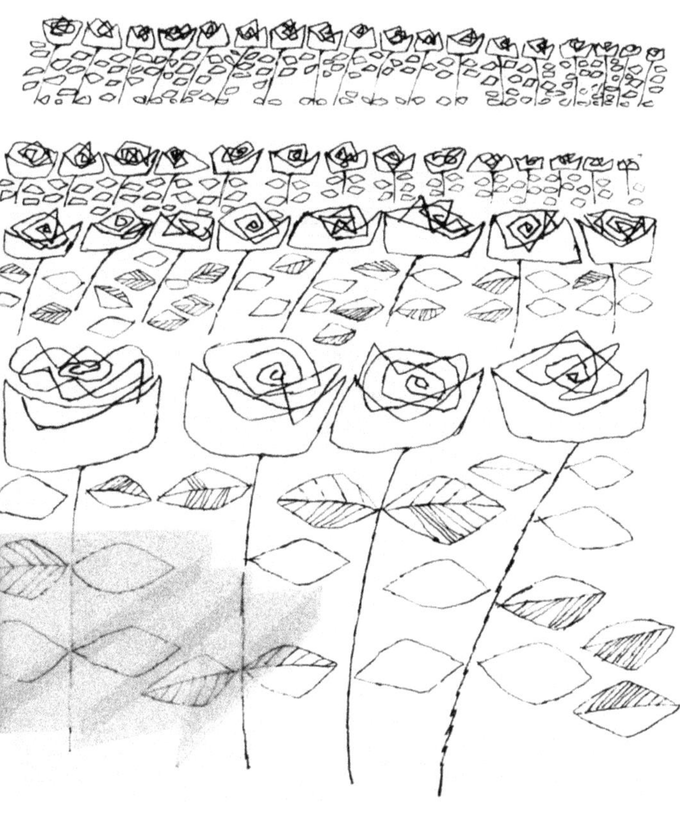

le multe e belle rosieros[33] in le jardin. Le professor esseva cognoscite como cultivator-amator de rosas e un die le jornales habeva communicate que un congresso de jardineros[37] in le urbe irea vider, le die sequente, le rosas del professor. Il occurreva in le vespere ante iste die, que Hugo e alcun altere studentes, post un celebration allegrissime, se sentiva inspirate pro facer ancora plus rar, rarissime, le rosas de lor car e estimate professor. In le silentio del clar nocte estive le gruppo de studentes marchava secretemente al jardin e pingeva in colores le plus diverse, brun, verde, jalne, omne rosas del duo grande rosieros a ambe lateres del entrata del casa ...

Un poco disagradabile revenir nunc ... Hugo face sonar le campana electric. On aperi. In le porta sta illa – "su" senioretta del parco!

QUESTIONES

1. Explica nos lo que es un "essayo"! 2. Que pote on vider in un jardin? 3. Como exprimer le idea "rar" in altere parolas? 4. Es il un occurrentia rar que studentes ha "celebrationes"? 5. Que diceva, crede vos, le professor vidente le rosas brun?

14 Lection dece-quatro/Dece-quarte lection

Sin dubita vos comprende, car lector, le surprisa de Hugo. Su facie es rubie e tamben le[35] del juvena[36] (o: illo del juvena). Ille nota isto con satisfaction subite. Tamben illa le ha recognoscite, le sympathic juvene qui sedeva presso illa in le parco un belle die – "mute como un pisce". Certo ille habeva comprendite que illa es un estraniera[37] e ille non osava parlar con illa in un lingua estranier. Ma nunc il es Hugo qui surprende illa: ille parla fluentemente interlingua, lo que surprende tamben ille ipse un poco. "Io es contente revider vos! Io volerea parlar con professor A. Es ille in casa?" – "Si, entra in le bibliotheca e attende un momento, per favor. Io va cercar le", illa dice e dispare.

Attendente[34] ille admira le plancas plenate ab solo a tecto per milles de libros cuje dorsos in omne colores le impressiona como un ver obra de arte – e in su mente ille forma le phrases per le quales ille la proponera un nove incontro.

Phrases structural con -/e/nte. Vide § 34!

1. Un persona qui canta es un persona **cantante**.
2. Un persona qui suffre es un persona **suffrente**.
3. Un persona qui audi es un persona **audiente**.
4. **Cantante** on produce tonos.
5. **Legente** iste libro vos apprende interlingua.
6. **Audiente** le cantar ille coperiva su aures.
7. Il es facile rider con le **ridentes** e difficile plorar con le **plorantes**. (IG)

QUESTIONES

1. Esque iste nove incontro es un surprisa pro vos? 2. Proque nota ille con satisfaction que le facie de illa es rubie? 3. Crede vos que ille ama "facies rubie in general"? 4. Ha Hugo studiate ben su lectiones de interlingua? 5. Explica que es un bibliotheca!

15 Lection dece-cinque/Dece-quinte lection

Illa reveni dicente[34] que le professor es occupate ancora alcun minutas, ma ille le preca attender. "Con *grande* placer", ille responde sin un momentetto[39] de hesitation, accentuante[34] le parola "grande" forsan un poco troppo forte.

E nunc ille comencia demandar la un multitude de questiones: De ubi illa veni? Que face illa in iste pais? E ille non mesmo oblida le question importante: “Que es vostre nomine?” Certo ille non proba celar su interesse in illa! Illa voluntarie le narra, que illa es studente de scientias social, que illa ha un camera presso le professor, qui es multo amabile. Illa assecura que illa trova toto si agradabile. Le professor e su marita ha un jardin si belle con rosas e altere flores meraviliose ... Audiente[34] la mentionar le parola “rosas” Hugo hasta cambiar del thema de lor conversation, inquiete que le escappara le occasion de proponer le nove incontro. Illes parla de toto, e certo illes es de accordo del avantages de un idioma commun como interlingua ... On audi le passos del professor approchar se in le camera vicin. Ma cinque secundas suffice pro finir lor conversation e dicer lo essential[40]: “Pote nos revider nos le sabbato proxime?” – “Oh, si! A que hora?” – “A septe horas, si isto es bon pro vos. Io venira cercar vos hic?” – “Si, si, de accordo! A revider!” – “A revider!”

Lection dece-sex/Dece-sexte lection 16

LE FAMILIA DE HUGO

Le familia de Hugo habita in un urbe non lontan del urbe universitari e ille sovente visita su parentes le dominicas e altere dies libere. Su familia consiste de su patre, qui es un ferroviero – non multo ric, ma con su proprie casa – su matre, “le melior matre del

mundo!" – duo fratres e duo sorores, omnes plus juvene que Hugo, excepte un soror. Lor parentes ha, alora, cinque infantes, tres filios e duo filias – un familia bastante grande! Un soror es maritate – su marito es le fratre affin de Hugo.

Quando Hugo iste vice pare inexpectate al focar familial, su matre le reprocha: "Proque non ha tu annunciate in avantia que tu veni a casa! Io haberea potite cocer te un de tu plattos favorite." – "Toto que tu coce, oh Matre e Regina del domo, es mi platto favorite", ille dice, e adde pro jocar, in un sufflo theatral, "si on lo compara con le mangiar del restaurante del studentes!"

QUESTIONES
1. Es le distantia longe inter le urbe ubi Hugo studia e su urbe natal? 2. Quante personas ha il in le familia de Hugo? 3. Que es "un platto favorite"? Explica per parolas simple in interlingua! 4. Que es le opposito de "lontan!"?

Lection dece-septe/Dece-septime lection 17

LE VETERE GRANPATRE

Un belle dominica Hugo veni al casa de Anna pro prender la pro un visita al campania. Le granpatre de Hugo possede un ferma. Ille es san e forte malgrado su etate – un ver viro qui ama su ferma, su village e su pais. "Le plus belle pais del terra", ille sole dicer a Hugo. Sovente ille lo dice pro provocar su car nepote e inducer le in un discussion[42]. A vices ille non comprende le punctos de vista del generation de Hugo qui mantene le opinion que "le mundo es plen de belle paises e de humanos tanto sympathic como nostre proprie compatriotas" ... Tamen illes se ama ben, le granpatre e Hugo. Le granpatre dice cordialmente "Benvenite" a Anna. Ille la reguarda con oculos seriose, pare contente e murmura: "Hm, naturalmente un estraniera ... ma illa non es fede ..."

Ridente Hugo explica a Anna que le granpatre la ha date le plus alte nota de approbation[42] que on pote expectar ab ille. Probabilemente ille dicerea lo mesme a "Miss Universo".

QUESTIONES

1. Ab certe verbos in iste texto on pote formar substantivos, finiente in **-ion**. Le quales es illos? (Exemplo: **approbation** ab **approbar**). 2. Le quales es le parolas geographic que vos ha apprendite usque

nunc? 3. Que dicerea vos (si vos es un viro) a Miss Universo? Si vos es un femina: Que vole vos que le homines vos dicerea quando vos essera Miss Universo?

Lection dece-octo/Dece-octave lection 18

IN LE GRANDE MAGAZIN

Un voce in le telephono voca Hugo: "Ecce Anna qui parla. Esque tu volerea ir con me al Grande Magazin pro comprar alcun cosas? Esserea bon haber tu compania." – "Aha!" responde Hugo, "tu vole dicer que tu me besonia como portator?" – "No, io non voleva dicer lo; tu ipse lo ha dicite ..." illa ride. – "Benissimo, 'sempre preparate', io venira."

Illes se revide al entrata de un grande magazin que forni cata die milles de personas con milles de merces a precios alte e basse. In un departimento on vende vestimentos, cappellos, scarpas, calceas pro senioras e calcettas pro seniores, camisas, robas etc. Jam al prime tabula a vender un venditrice les saluta con un surriso affabile: "Vos desira?" – Anna: "Io volerea un par de guantos." – Venditrice: "Ecce alcunes in colores diverse!" – Anna: "Io prefere le guantos nigre. Quanto costa istos?" Anna proba un par, duo pares, multes. Hugo non monstra ulle signo de impatientia. Hugo es un homine extraordinari[43]. Finalmente Anna constata que illa non trova un par conveniente: "Debe ir a un boteca specialisate", illa conclude.

Nunc illes va comprar alimentos. Rapidemente illes plena un corbe con pan, butyro, caseo, salsicias etc. A un cassa al exito sede un cassera qui face le conto que Anna paga per un grande nota de banca de cento coronas. Le cassera debe cambiar lo e retorna le resto a Anna in alcun notas de banca minor e in monetas de argento e de cupro.

QUESTIONES

1. Que es le verbo ab le qual "portator" es derivate? 2. Venditrice es un femina qui vende. Como se appella un homine qui vende? 3. Que es le plus grande: un boteca o un magazin? 4. Que colores ha vos apprendite usque nunc in interlingua?

Lection dece-novem/Dece-none lection

19

VIAGE IN TRAINO CON COMPANIA CURIOSE

Un die Hugo debeva viagiar per traino a un congresso. Essente[34] un poco in retardo ille prendeva un taxi al station central del ferrovias. Ibi ille cercava le platteforma tres, curreva al traino e succedeva attinger lo justo in le momento del partita. Ille passava /per/ duo compartimentos de fumatores e un de non-fumatores ante trovar un sede que semblava libere. Ille demandava un seniora, indicante per su mano le sede: "Excusa me, es iste sede occupate?" – "No, senior", illa diceva, "illo es libere, si il vos place!" – "Gratias, seniora!"

Hugo vide que su con-viagiatrice ha in su compania un parve puera del etate de cinque o sex annos, sedente sur le sede opposite. Illa es dulce, con le capillos longe e blonde e le oculos azur – grande oculos que reguarda con vive interesse toto in su ambiente. Nunc Hugo es in le centro de su interesse: un momento de concentration e illa explode in questiones: "Que es vostre nomine?" – Hugo responde politemente. – "A ubi vos vadera?" – Hugo la informa. – "Ha vos un billet?" – Hugo la assecura[44] que si[45]. – "Quanto costa vostre viage?" – Hugo pote dar la un responsa exacte. – "Quante moneta possede vos?" – Hugo continua responder patiente- ma inexactemente[46]. – "Qui es le persona le plus ric que

vos cognosce?" – Hugo: "Non sape. Forsan tu?" – "Oh no, ma: como se appella vostre marita?" – Regrettabilemente Hugo non sape que responder[47]. Non importa, illa sape como evitar[47] pausas: "Qual color de oculos prefere vos?" – Hugo reguarda su oculos azur e pensa a un altere par de oculos brun ... "Senior Hugo, proque non responde vos plus?!"

Lection vinti/Vintesime lection 20

IN UN HOTEL E UN RESTAURANTE

Arrivate al urbe del congresso, que ha tamben un grande porto e es multo frequentate per estranieros, Hugo hasta a su hotel. – "Bon die, senior, e benvenite a nos!" – "Bon die! Io ha reservate un camera a un lecto e con banio pro tres dies. Mi nomine es Hugo Nordanus." – "Ben, un momento, senior, vos habera le camera numero 87 (octanta-septe), ecce le clave. Vole vos, per favor, reimpler iste formulario e mitter vostre signatura[42] in nostre registro de viagiatores? Le camerero vos adjuta con le bagage."

Post un medie hora Hugo se dirige al restaurante del hotel, ubi un servitor le da le menu (carta de mangiar). Il ha plure plattos de pisce e de carne, patatas frite o cocite, verdura. Hugo commanda immediatemente suppa e un platto de carne, nam ille es pressate, e le servitor demanda: "E, que prende vos pro biber? Nos ha le biberages sequente: aqua mineral, succos de fructos, vinos, lacte." – "Aqua mineral, per favor, e pro finir un tassa de caffe, sin crema, nigrissime!" – Un servitrice comencia poner le plattos, un vitro, un cultello, un furchetta e un coclear, e tosto – certo intra un hora – Hugo habera su dinar.

QUESTIONES

Que significa in interlingua e in vostre proprie lingua le sequente vocabulos italian? 1. cucchiaio, 2. forchetta, 3. piatto, 4. coltello.

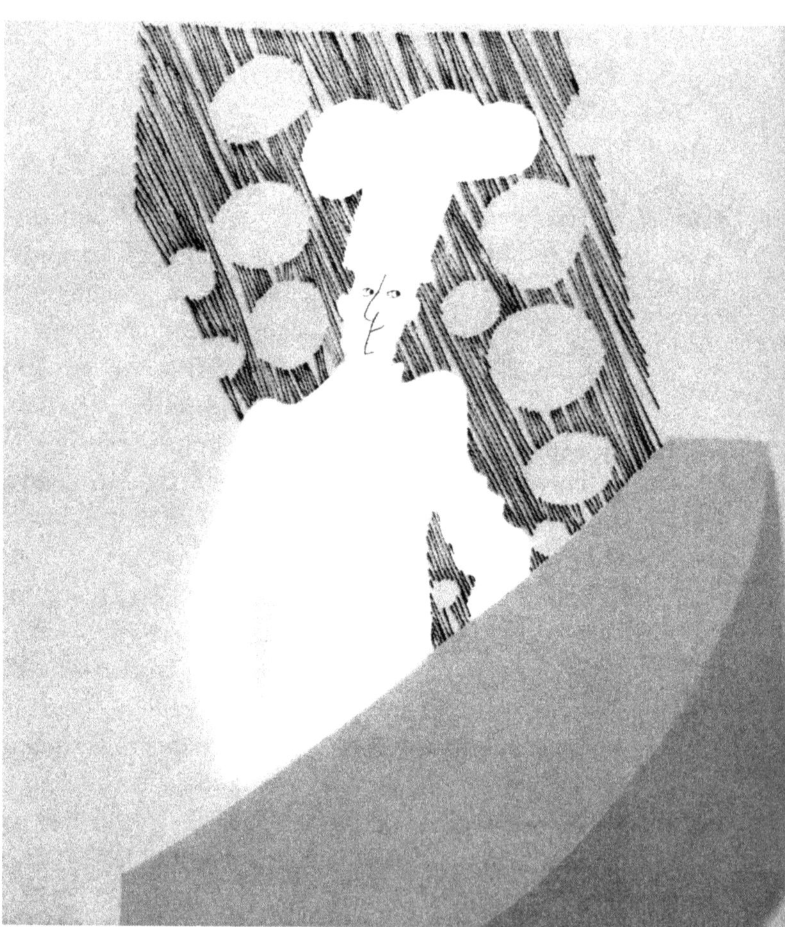

Lection vinti-un/Vinti-prime lection 21

I. HUGO COMO ORATOR PUBLIC

Mangiante su excellente dinar ibi in le restaurante, Hugo audi ex un radio reportos del cruelitates[49] de un guerra in un pais lontan. On reporta hodie de milles de victimas, plure centos jam morte, alteres o moriente o con vulneres mortal. Subito le manca le appetito.

Post un o duo horas ille stara ante le congresso del Association del Amicos del Nationes Unite, parlante re le “Super-population e le problemas alimentari”. Vos, car lector, qui cognosce Hugo, vos sape que ille es un poco timide[50]. Que vos le da nunc vostre appoio![51]

Jam es le tempore: Hugo ascende le tribuna pro comenciar su discurso. Ille es nervosissime. Su geniculos tremula, il le sembla mesmo que illos tremula si forte que isto debe esser audibile ... Ille senti le sudor a su fronte, su genas es pallide[50], su labios sic e in le bucca su lingua es rigide como un pecia de ligno. "Parlar essera impossibile", ille pensa. "Tote le mundo me reguarda. Al ultime grado del scala io va cader. On ridera usque alcuno trovara que mi corde non plus batte, que io ha habite un collapso a causa de 'timor[50] del scena' ..."

QUESTIONES

1. Proque perde Hugo le appetito? 2. Explica nos lo que es un "vulnere mortal"! 3. Proque besonia Hugo nostre appoio? 4. Explica in simple parolas lo que significa "super-population"! 5. Que pote le publico vider de su nervositate? 6. Que time ille? 7. Que color ha su genas quando illos es "pallide"?

Lection vinti-duo/Vinti-secunde lection 22

II. HUGO COMO ORATOR PUBLIC

Ma in iste momento ille nota – con gratitude[49] – que su altere "ego", le embryon de un medico intra ille, constata sobriemente: "Aha, ecce un caso de panico! Io debe calmar iste stupide asino que es io: geniculos tremulante nunquam es audibile. E vide, ibi sede al minus duo homines qui te non reguarda. Illes garrula! In iste momento solemne! Isto es quasi un offensa!

Tu debe eveliar les! Attraher lor attention al thema de tu discurso! Tu corde es in ordine perfecte con omne su valvulas e cameras e venas. Toto es in ordine."

QUESTIONES
1. Como se appellava Hugo, notante que ille esseva troppo nervose? 2. Que es le opposito de "nervose"? 3. Proque se trovava ille offendite?

23 Lection vinti-tres/Vinti-tertie lection

III. HUGO COMO ORATOR PUBLIC

Nunc ille jam sta sur le tribuna, detra le cathedra. Un o duo secundas ille ha state ibi e isto ha producite in le auditorio le effecto que illo ha devenite silente. "Nunc o nunquam!" Ille audi su proprie voce: "S-senioras ... e seniores! Car amicos!" De novo un pausa, brevissime, ma con effecto, ille constata. Nunc mesmo le garrulantes ha incatenate lor linguas. "Io les dominara." Rapidissimo vola trans su mente un pensata de satisfaction: "Bonissime que io ha abandonate mi prime intention de comenciar per ille phrase antiquate: 'Jam le ancian egyptianos'[52] ..." Plus belle nunc sona: "Heri, hodie, deman – un problema es le mesme. Heri, hodie, deman – un question remane de importantia indiscutibilemente vital. De ubi prender nostre pan quotidian? In le regiones de prosperitate[49], in que nos, felices, habita, iste question non se pronuncia tanto sovente, ma nos sape que alterubi ..."

Justo in iste momento quando ille ha ganiate su prime victoria super le timor, ille discoperi in le sala, in le tertie rango de bancos – illa, Anna, su Anna ...

QUESTIONES
1. Ille stava alcun secundas sur le tribuna sin parlar. Proque? 2. Como se appella un homine qui ha ganiate un victoria? 3. Como explicar le expression "regiones de prosperitate"?

Lection vinti-quatro/Vinti-quarte lection 24

IV. HUGO COMO ORATOR PUBLIC

Anna le habeva promittite un surprisa – e ecce illo: Su presentia in le sala del congresso! Ille parla, ille senti un vivificante[53] calor[50] sublevar se in su interior, ille parla, ille es le maestro del thema, le manuscripto ante ille es non-toccate, su voce se leva e se bassa, ille lo sona como un instrumento musical: illo es portator de su sentimentos[55], de su argumentos, ille parla – nunc a illa sol; le alteres, le criticos, le collegas qui forsan le deridera, non importa plus, non existe!

Il es evidente que le publico se ha tornate in favor de su ideas. Illo sede, captivate del ardor e del brillante argumentation del juveno sur le tribuna. Ma subito un pensata le frappa como un fulmine: "Io pensa que io parla a illa, durante que illa non comprende un singule parola de mi lingua maternal ...!"

Nunc, ille ha arrivate al fin de su discurso, le pausetta quando "le fulmine" le frappava, esseva a pena remarcabile. Ille fini per un appello, acceptate con applauso forte e plen de sympathia.

Tamben Anna applaude, longe-, forte- e enthusiasticamente ...

QUESTIONES

1. Como Anna le surprendeva? 2. Esque le facto que Anna esseva in le auditorio le ha facite plus nervose? 3. Tamben Anna applaude. Proque, crede vos?

Lection vinti-cinque/Vinti-quinte lection 25

LE PRIME NIVE

Le autumno tosto va transir in hiberno. Le arbores sta nude, jam /depost/ longe tempore disfoliate. Il es un vespere autumnal, un vespere de autumno tarde.

Hugo e Anna ha passate le ecclesia e nunc se promena a transverso le parco. Le aere es fresc. Durante tote le die le celo habeva essite obscur e nunc on pote vider ni le luna ni le stellas.

"Le autumno me pare un tempore triste", dice Anna, "si gris e pluviose. Tamben le hiberno non me place con su frigor." – "No, tamben a me illo non gusta multo", consenti Hugo, "ma le natura debe dormir. E pensa a isto: le hiberno precede le primavera, con su flores e odores. E postea veni le estate, calide, con sol e belle tempore sempre, sempre!" (Al pluvias estive, que non es si infrequente, illes non pensa.)

“Ah”, Hugo continua con enthusiasmo pretendite, “refrescar se per banios in le undas de un mar salin!!” Anna ride: “Evidentemente le autumno non face te troppo triste!” – “No, iste autumno me sembla supportabile ...”, ille replica immediatemente, e prendente le mano molle de su amica, ille adde, seriose, “considerante que io va ‘hibernar’ e ir al incontro del primavera con te.”

Mano in mano illes continua lor promenada, tacente. Subito illes se arresta, e torna lor facies in alto. Lentemente comencia cader le prime nive. Illes se reguarda – e lor labios se incontra, teneremente, in le prime basio.

E nunc, car lector, nos dice – discretemente – “Adeo!” a Hugo e Anna.

26 27 Lectiones vinti-sex e vinti-septe/ Vinti-sexte e vinti-septime lectiones

EXTRACTO EX UN JORNAL QUOTIDIAN

(Ab le reportero special del Agentia de pressa ABC)

In le recente conferentia de UNESCO – le Organisation del Nationes Unite pro Education, Scientia e Cultura – le delegatos de plure statos-membros exprimeva lor satisfaction[42] del numerose nove initiativas prendite per le secretariato pro le disveloppamento[55] de servicios facilitante le excambio de informationes[42].

In le debattos causate per le propositiones de certe nove mesuras pro attaccar le analphabetismo, quatro delegationes se univa in un protesto contra le retardamento[55] del planos, que, per consequente, significa tamben un retardamento correspondente in le realisationes[54] practic. “Pro que non”, demandava le chef de un del delegationes in su discurso, pronunciate con multe habilitate e temperamento, “proque non projectar constructiones de scholas que es usabile in plus que un region?” Un tal standardisation[54] diminuerea le costos de milliones innumerabile. Tamben un standardisation de manuales, p.ex. (per exemplo) de mathematica, ducerea a economisation, manteneva le porta-voce de un altere delegation, qui addeva que le manco de instructores[42] pote esser remediate, in multe casos, per emissiones de radio e de television.

Le resolution, acceptate al fin del sessiones, recommenda: Primo: Le prioritate del lucta contra le analphabetismo debe esser manifestate per actiones resolute, rapide e rational. Secundo: Conforme a un proposition del Presidente del Assemblea General, le

Consilios National debe studiar seriosemente omne possibile solutiones rational del problemas del communication linguistic inter le nationes.

Ante responder iste *Questiones*, relege § 42 concernente le formation de parolas ab le radice derivative ("radice duple" o le "thema").

Exemplo del structura

crea|r|	(morphema de base + *r*) = infinitivo
crea|t|ion	(morphema de base + t + *ion*) = subst., acto de crear o le resultato del crear
crea|t|or	= subst., alcuno qui crea
crea|t|ori	= adj., characteristic de alcuno qui crea
crea|t|ive	= adj., habente le capacitate de crear
crea|t|ura	= subst., toto que ha essite create

Forma secundo le structura demonstrate in supra altere series de substantivos e adjectivos con iste suffixos e adde le significationes in vostre lingua! (Certe formas pote exiger plure parolas pro lor explication.)

QUESTIONES
1. informa|r, 2. defini|r, 3. con|stru|e|r (-struct-),
4. pos|sed|e|r (-sess-), 5. age|r (-act-),
6. intro|duc|e|r (-duct-), 7. tele|vid|e|r (-vis-).

28 Lection vinti-octo/Vinti-octave lection

EXTRACTOS AUTHENTIC EX "SCIENTIA INTERNATIONAL – NOVAS DEL MENSE IN INTERLINGUA"
(Publicate per le Division de interlingua de Science Service)

RECERCA DE CANCER
Un sero anticancerose preparate per dr. B. Björklund de Stockholm, Svedia, e doctores J. Graham e R. Graham de Boston, Statos Unite de America, se ha monstrate capace a destruer cellulas cancerose in vitro, durante que illo non attacca cellulas normal in le mesme culturas. Le sero esseva preparate ex le sanguine de un cavallo que habeva recipite injectiones de miscite materia cancerose derivate ab 56 personas.

(Junio 1955)

ZOOLOGIA
Un del tortucas gigante que capitano Cook habeva capturate in le Galapagos e que ille presentava in 1777 al rege del insulas Tonga vive ancora e se trova in bon sanitate. Illo es un favorito del familia del regina Salote.

(Decembre 1954)

GEOLOGIA
In duo lacos al interior de Norvegia, aqua salin esseva recentemente constatate a profundores de circa 100 m. Dr. H. Holtan del Instituto Norvegian de Recercas Hydrologic, explica ille facto per le hypothese que 10.000 annos retro, post le plus recente epocha gla-

cial, grande partes de Norvegia esseva infra le superficie del oceano. Dr. Holtan ha calculate que le superficie del oceano ha descendite depost ille tempore per circa 45 m.

(Augusto 1965)

COMPUTATORES ELECTRONIC
In Scandinavia, computatores electronic es plus numerose – in relativitate al population – que alterubi in Europa.

(April 1965)

QUESTIONES
1. Como scribe vos per litteras omne cifras in iste lection? 2. Que describe zoologia e geologia, le duo scientias mentionate in iste textos? 3. A que branca de scientia pertine le recerca de cancer?

Lection vinti-novem/Vinti-none lection 29

ARCHITECTURA
Ab Russia on reporta enorme progressos in le construction de edificios a partes prefabricate. In Kiev un prefabricate edificio a cinque etages esseva complite in 63 dies, e in Magnitogorsk dece obreros ha erigite un edificio de tres etages con 36 appartamentos in 28 dies. On expecta que verso le fin de 1956 circa 20 pro cento del russe construction de domicilios urban va usar le technica del partes prefabricate. Architectos statounitese dubita del exactitude de iste reportos,

ma illes possede nulle base de comparation proque in le Statos Unite le construction ex partes prefabricate es limitate quasi integremente a edificios sin etages.

(Februario 1955)

MORBOS CARDIAC

Recente studios epidemiologic in Japon e le Statos Unite ha demonstrate que morbos cardiac es plus frequente in areas de aqua molle que in areas de aqua dur. (Aqua molle es aqua a basse contento mineral; aqua dur es aqua a alte contento mineral.) Le mesme correlation es nunc reportate ab Svedia a base de un vaste studio del causas de morte ab 1950 a 1960 in le complete population de omne citates svedese con plus que 25.000 habitantes.

(Martio 1965)

COMMUNICATIONES

Phocas e delphinos (como multe altere animales) es capace de communication interindividual per sonos expressive de dolor, gaudio e varie altere emotiones. On ha succedite a transmitter telephonicamente le sonos producite per un tal animal in Florida a un altere in Hawaii. Il pare que le duo se comprendeva perfectemente. Lor conversation telephonic coperiva un distantia de circa 9.000 kilometros e esseva conducite in sonos de un frequentia de 2.000 cyclos per secunda.

(Junio 1965)

QUESTIONES

1. Que es un "edificio"? 2. In que organo del corpore se monstra morbos cardiac? 3. Exprime per un phrase lo que occurre in le notitia "Communicationes"!

Lection trenta/Trentesime lection 30

PROVERBIOS IN INTERLINGUA

(Ex un libro non ancora publicate, compilate per P. Dornbach)

Cata rana se crede Diana.
Del dicto al facto es grande tracto.
Palea e foco non sta ben in un loco.
Al tempore de ficos non manca amicos.
Que es licite a Jove, non es licite a bove.

In le introduction de iste curso de interlingua nos trova indicate un possibile solution del problemas practic de communication linguistic: *Un convention inter un numero de statos, le qual garantirea a cata cive un inseniamento elementari de interlingua.* Un tal instruction non prenderea tempore ab altere subjectos scholar, proque le cognoscentia del vocabulario international esserea utile *e* in le lingua materne de quasi omnes, *e* in le altere linguas que on debe (o vole) studiar in le scholas tamben in le futuro. (Le publicationes scientific del grande nationes essera durante longe tempore necessari pro omnes, le litteratura nunquam superflue!)

Como se realisara un tal introduction official de interlingua in le scholas? (Le nove, juvene generation lo facera!) Secundo nostre opinion illo presupponerea i. a. le creation de un instituto international que se occuparea del elaboration de manuales e cursos pro radio e television e de dictionarios pro omne linguas concernite, e del education de professores designate a inseniar futur instructores del idioma international. In addition illo se occuparea del edition de un revista mensual dedicate a questiones linguistic e al methodos de diffusion de interlingua e de un revista mensual cultural e forsan tamben de un septimanal popular con un contento multo general e variate.

Le centralisation, in le stadio initial, de iste activitates garantirea un alte grado de stabilitate del lingua, impediente omne risco de dissolution del lingua in dialectos. Le apprehension que un tal dissolution occurrerea es multo exaggerate in nostre era de possibilitates quotidian de contactos global per radio e television, telephono e internet con posta electronic. E in nostre tempore le methodos moderne de registration de voces rende practicabile le uso in le scholas de registrationes identic, como un norma, in audiocassettas e discos compacte (CDs e DVDs) – assi ben in Argentina como in Zambia.

Naturalmente vostre studios non debe finir ancora: iste curso vos da le grammatica e le mille quatro centos parolas le plus frequente, e duo milles nos sembla un minimo. Nos vos recommenda leger textos ex multe campos. Lege regularmente un magazin in interlingua e le libros de nostre litteratura – plus que 150 libros in Servicio de Libros! Quando vos es "matur" – lege Gode: *Dece Contos* – le perla de nostre litteratura usque nunc.

Scribe a un del adresses in infra e annuncia vos como membro e/o abonato de un periodico in interlingua!

E super toto: scribe immediatemente a un organisation pro venir in contacto con altere utilisatores de iste lingua que pertine a tote le mundo, isto es tamben a *te*!

QUESTION FINAL

Como volerea vos organisar le introduction de un lingua auxiliar mundial?

Invia vostre responsa al autor: Ingvar Stenström, Vegagatan 12, SE-432 36 Varberg, Svedia.

Posta electronic: secretario@interlingua.nu.

Altere adresses:

Union German pro Interlingua (*UGI*)
Sven Frank
Cassa postal 12 06 10
D-68057 Mannheim
☎ +49-621-181 794 60

info@interlinguaunion.de
www.interlinguaunion.de
Skype: ichp-deutschland

Union Mundial pro Interlingua (*UMI*)
www.interlingua.com
presidente@interlingua.com
secretario.general@interlingua.com

Panorama – in interlingua
www.interlingua.com/panorama
panorama@interlingua.com

Servicio de Libros UMI
www.interlingua.com/libros
libros@interlingua.com

Societate Svedese pro Interlingua (*SSI*)
secretario@interlingua.nu

Clave 1

RESPONSAS DEL QUESTIONES IN TEXTOS

Attention: Multe varie alternativas es possibile!

LECTION 2

1. Ille reguarda le belle signorina. 2. No, ille la reguarda con interesse. 3. Le juvene senior es elegante. 4. Illa pensa: “Le senior elegante me reguarda e ille pensa que io es belle.” 5. No, io non pensa que ille es fatigate.

LECTION 4

1. Nunc illes sede su/pe/r le banco, un presso le altere. 2. No, un amico de Hugo se approcha. 3. Critar. 4. Altere cosas le absorbe. 5. Ille debeva approchar se e critar. 6. Hugo pensava al juvene signorina. 7. Le conversation non esseva interessante.

LECTION 5

1. Illa lege su libro. 2. Tamben ille lege le libro de illa. 3. Ille vole informar se concernente illa. 4. Illa lege un libro re (concernente) le Nationes Unite. 5. Le libro es scribite in interlingua. 6. Hugo ha vidite iste lingua in libros e periodicos medical. 7. No, ille non lo ha legite.

LECTION 6

1. Si, Hugo pote leger interlingua. Omne medicos pote leger lo sin studio. 2. Ille vole tamben parlar con le belle signorina. 3. Ille intendeva cercar un manual e un dictionario del idioma international. 4. Si, ille es multo diligente. 5. Un dictionario es un libro con multe parolas. 6. Io (Nos) utilisa un manual a (pro) apprender factos o un lingua.

LECTION 7

1. No, le nomines del menses non es difficile in interlingua. 2. On vide le luna in le nocte. 3. Le adjectivo es “original”. 4. A voce basse. 5. Ille vole poter fixar le dies de su incontros futur con illa.

LECTION 8

1. Hodie es ... 2. Il es le ... 3. Il es duo horas minus quatro /minutas/. 4. Le traino arriva a 22^h38 (vinti-duo e trenta-octo). 5. Heri esseva ... 6. Deman essera ... 7. Illes arriva a ... horas.

LECTION 9

1. “Vader con un persona”. 2. Io ama ... 3. Ha tu mangiate? Ha tu te

lavate? Ubi es tu libros?

LECTION 11

1. Hugo bicycla. O: Hugo veni a casa per bicyclo. 2. Ille es multo fatigate; bicyclar es pesante. 3. Un auto nove costarea multe moneta. Illo esserea troppo car. 4. Ille comprarea un auto pro se e donarea su bicyclo a su fratre. 5. Io ... -rea ... etc.

LECTION 13

1. Un essayo es un presentation scribite de factos e de explicationes concernente iste factos. 2. In un jardin on pote vider flores de omne colores, verdura e arbores. 3. Infrequente, non sovente. 4. No, isto occurre frequentemente (sovente). 5. Le professor dice: "Aha, ecce un charmante manifestation del humor de mi studentes! Quanto illes es sympathic ..." O forsan vos ha un alternativa plus realistic?

LECTION 14

1. No, nos lo attendeva durante 13 lectiones. 2. Ille comprende que illa le recognosce. 3. No, ille ama solmente le facie de illa. 4. Si, multo ben, como le lector de iste curso! 5. Un bibliotheca es un collection de libros, multe libros.

LECTION 16

1. No, le distantia es curte. 2. Il ha septe personas. 3. "Un platto favorite" es le mangiar que on ama multo e sempre prefere. 4. Proxime.

LECTION 17

1. Possession, diction, provocation, induction, comprension, explication, expectation. 2. Urbe, campania, village, pais, terra, mundo, universo. 3. Viro: "Vos es le sol femina qui es tanto belle como mi sonios." Femina: "Ecce un kilo de diamantes."

LECTION 18

1. Portar. 2. Venditor. 3. Un magazin es plus grande que un boteca. 4. Nigre, blanc, brun, verde, jalne, rubie.

LECTION 20

1. Coclear. 2. Furchetta. 3. Platto. 4. Cultello.

LECTION 21

1. Ille pensa al povre victimas del guerra. 2. Un vulnere mortal es un

vulnere si grave, si seriose que on mori a causa de illo. 3. Ille es multo nervose. 4. Superpopulation significa que il ha troppo de humanos in relation al alimentos disponibile. 5. Su pallor. (Que ille es pallide.) 6. Ille time que ille cadera. 7. Illos es quasi blanc.

LECTION 22
1. Hugo se appellava un asino [asino]. 2. Calme. 3. Ille considerava su discurso "un momento solemne", le qual on deberea respectar.

LECTION 23
1. Ille voleva dar al auditores le occasion de concentrar se e finir lor conversation. 2. Un victor. 3. Partes del mundo o de un pais, le quales es ric.

LECTION 24
1. Illa esseva sin su cognoscentia in le sala del congresso. 2. No, isto esseva un inspiration que le faceva oblidar su nervositate. 3. Illa le trova sympathic.

LECTIONES 26–27
1. Information, informator, informatori, informative. 2. Definition, definitor, definitori, definitive. 3. Construction, constructor, constructori, constructive, /con/structura. 4. Possession, possessor, possessori, possessive. 5. Action, actor, actori, active. 6. Introduction, introductor, introductori, introductive. 7. Television, televisor, televisori, televisive.

LECTION 28
1. Cinquanta-sex, mille novem centos cinquanta-cinque, mille septe centos septanta-septe, mille novem centos cinquanta-quatro, cento, dece milles, quaranta-cinque, mille novem centos sexanta-cinque. 2. Zoologia describe le animales. Geologia describe le terra, su formation, su structura e su evolution. 3. Illo pertine al medicina.

LECTION 29
1. Un domo, un grande casa. 2. In le corde. 3. On ha demonstrate que phocas e delphinos pote communicar telephonicamente.

LECTION 30
Le responsas del question final es, sin dubita, multo individual e omne iste responsas interessarea le autor de iste libro. Ille vos preca: invia vostre responsa, longe o breve, a Societate Svedese pro Interlingua, Vegagatan 12, SE-432 36 Varberg, Svedia, o al organisation interlinguistic de vostre pais!

Clave 2

SOLUTIONES DEL EXERCITIOS IN PARTE 2

LECTION 1
1. bancos, le bancos blanc. 2. Duo seniores sede su/pe/r un banco. 3. Si, illo (illos) es blanc. 4. Si, ille (illes) es elegante. 5. Si, illa (illas) es elegante.

LECTION 2
1. Esque vos vide (Vide vos) un juvene senioretta super le banco? 2. Si, senior, io la vide. 3. Vos debe vider la! 4. Illa es non solmente juvene, ma tamben belle. 5. Que dice le juvene senior a illa? 6. Nostre juvene senioretta non responde. 7. Responde me! 8. Sede super le banco! 9. Vide! O: Reguarda! (O = alternativemente)

LECTION 3
1. 76 = septanta-sex. 2. 135 = cento trenta-cinque. 3. 1971 = mille novem centos septanta-un. 4. 12 434 = dece-duo milles quatro centos trenta-quatro. 5. 778 903 = septe centos septanta-octo milles novem centos tres. 6. 18 765 432 = dece-octo milliones septe centos sexanta-cinque milles quatro centos trenta-duo. 7. 32×4 = 128 = trenta-duo vices quatro es cento vinti-octo. 8. le septime. 9. le octanta-tertie. 10. le decime. 11. le dece-prime. O: le dece-unesime. 12. le octave. O: le octesime. 13. le dece-none. O: le dece-novesime. – 14. Le amico del juvene senior. 15. Le historia de nostre amico. 16. Ille conta le parolas del lection.

LECTION 5
1. videva, esseva, prendeva, habeva; faceva, stava, videva, sedeva; reguardava, debeva, pensava, diceva, permitteva, respondeva, faceva; (Lection 5:) abandonava, poteva, discoperiva, legeva, reguardava, videva, voleva. 2. ha + vidite, essite, prendite, habite, facite, state, vidite, sedite; reguardate, debite, pensate, dicite, permittite, respondite, facite; (Lection 4:) sedite, passate, salutate, vidite, audite, absorbite, remarcate, approchate, critate, state, respondite, sentite, parlate, essite; potite, legite, essite, reguardate, vidite, legite, essite, volite.

LECTION 8
1. Le libro ha essite scribite per le medico. 2. Le libros esseva scribite per

ille. 3. Le libro habeva essite scribite per un professor. 4. Esque le letteras essera scribite per le secretario (secretaria)? 5. Le programma esseva finite per le presidente. – 6. Ulla es belle, Birgitta es plus belle, ma Anna es le plus belle. 7. Le substantivo es le parola le plus importante. 8. Iste maniera es tanto facile como le altere.

LECTION 9

1. Quando ille habeva vidite (Post haber vidite) le libro, ille lo comprava (lo ha comprate). 2. Del matino (In le matino) ille labora mal, pejo que ille lo face del vespere (in le vespere). 3. Esque illa voleva dar le le libro? O: Voleva illa dar le le libro? 4. Si, illa le lo dava (illa lo dava a ille). 5. Ha vos tamben libros nove? 6. Illa me los ha comprate. O: Illa los ha comprate a me.

LECTION 11

1. inutile. 2. improbabile. 3. intolerante. 4. injustitia. 5. irreparabile.

LECTION 14

1. Un homine (viro) suffrente. 2. Un question surprendente. 3. Aperiente le porta (Quando illa aperiva le porta), illa videva le juvene homine. 4. Parlante con estranieros, ille non esseva impolite.

LECTION 16

1. regional. 2. additional. 3. vital. 4. natural. 5. mundial. 6. telephonic. 7. cyclic. 8. mercantil. 9. fragmentari.

LECTION 19

1. Quante pueras videva vos in le compartimento? 2. Illes (Illas) demandava quanto illes (illas) debeva pagar. 3. Quando comencia/ra/ le congresso? 4. Qui es le matre del puera? 5. Ubi es tu marita? 6. Qui cognosce vos? 7. Qui vos cognosce? 8. Que trovava ille? 9. Que libros (Qual libros) ha vos legite? 10. Qual flores comprava illes?

LECTION 22

1. Per favor, apporta nos pisce, patatas, duo vitros de lacte pro le infantes e duo vitros de succo de fructos (juice) pro mi marita e me. 2. Omne guerras es cruel. 3. "/Il/ es difficile comenciar un discurso", Hugo pensava. 4. Su corde batteva e ille non se sentiva multo allegre. 5. Le juvene medico non se comportava como un heroe.

Publicationes per Ingvar Stenström:

(UMI = Union Mundial pro Interlingua; SSI = Societate Svedese pro Interlingua)

Interlingua – instrumento moderne de communication international. Textos + Commentario svedese. Läromedelsförlagen/Esselte Studium, Svedia, 1972, 142 pp. ISBN 91-24-20621-0.

1• **Textos**. 2-e ed., revidite. UMI, 1989, 60 pp. ISBN 90-71196-15-1. Un CD con omne Textos legite per le autor es obtenibile.

2• **Melléklet magyarul** (Ferenc Jeszenszky). UMI, 1987, 73 pp. ISBN 90-71196-02-2.

2• **Supplemento pro francophonos** (Gunnar Danielsson, Jean Mahé, Madeleine Potet, Alix Potet). UMI, 1988, 56 pp. ISBN 90-71196-09-7.

2• **Lehrgang für Deutschsprachige** (Richard Zimmermann, Peter Liebig). UMI, 1989, 60 pp. ISBN 90-71196-14-3.

2• **Svensk kommentar**. UMI, 1989, 84 pp. ISBN 90-71196-16-X. 2-e ed., SSI/www.lulu.com, 2010, 71 pp. ISBN 978-91-977066-8-1.

2• **Commentario. Dansk udgave** (Bent Andersen, Thomas Breinstrup, H. P. Frodelund). Dansk Interlingua Union, 2-e ed. 1990, 56 pp. ISBN 87-89445-06-6.

2• **Commentario pro lusophonos** (Waldson Pinheiro). União Brasileiro de Interlingua, 1992, 48 pp. ISBN 85-85453-02-8.

2• **Commentario. Norsk utgave** (Dagrun & Ole Øiseth). Norsk Interlingua Union, 1993, 56 pp.

2• **Supplemento pro russophonos** (Jurij Cherednikov). UMI, 1993, 66 pp. (Tamben in Internet.)

2• **Supliment pentru români** (Toma Macovei). UMI, 1996, 55 pp. ISBN 90-71196-47-9.

2• **Commentario pro poloneses** (Jerzy Małachowski, Paweł Wimmer). (Publicate in Internet)

2• **Interlingva za natchinaeshtchi** (Petyo Angelov, Stefka Yontcheva), UMI, Sofia 2003, 50 pp.

2• **Vadovėlis lietuviams** (Vladas Kazlauskas, Arne Pedersen). 76 pp. (A publicar)

1•+2• **Textos & Explanations in English** (Catriona M. Chaplin). SSI/www.lulu.com, 2010, 150 pp. ISBN 978-91-977066-5-0.

1•+2• **Textos & Explicaciones en español** (Josu Lavin). SSI/www.lulu.com, 2010, 155 pp. ISBN 978-91-977066-6-7.

1•+2• Textos & Erläuterungen auf Deutsch (2-e ed. de Lehrgang für Deutschsprachige per Zimmermann-Liebig, revidite per Sven Frank). Deutsche Interlingua Union / www.lulu.com, 2010, 146 pp. ISBN 978-3-00-033340-8.

1•+2• Textos & Commentario. Norsk utgave (2-e ed. de Commentario per Dagrun e Ole Øiseth, revidite per Magne Heie e.a.). Norsk Interlingua Union / www.lulu.com, 2010, 132 pp. ISBN 978-82-992877-2-2.

Tema: Interlinguistica e Interlingua. Discursos public per Ingvar Stenström e Leland B. Yeager. UMI, 1991, 72 pp. ISBN 90-71196-17-8. Secunde ed.: **Interlinguistica e Interlingua**. SSI/www.lulu.com, 2009. ISBN 978-91-977066-4-3.

Como inseniar Interlingua? Theorias e consilios practic. Un guida pro non-expertos. SSI, 1993, 12 pp.

Interlingua-svensk ordbok. 25 000 internationella ord. Studentlitteratur, Lund, 1995, 279 pp. ISBN 91-44-60521-8.

Occidental-Interlingue. Factos e fato de un lingua international. SSI, 1997, 40 pp. ISBN 91-971940-2-6.

Formation de parolas in Interlingua. SSI, 1999, 12 pp. Vendite pro le Fundo pro Europa Oriental. ISBN 91-971940-4-2.

Qui besonia Interlingua? e Qual sorta de Interlingua es besoniate? Un discurso al 15-e Conferentia de Interlingua, julio 2001 in Gdańsk, Polonia. 12 pp.

Mi testamento interlinguistic. Discurso julio 2003, Bulgaria. Partialmente publicate in Panorama 2004:5.

Interlingua e su promotion durante 50 annos. SSI/www.lulu.com, 2008, 270 pp. ISBN 978-91-971940-5-1.

Erläuterungen auf Deutsch

Übersetzt und angepasst
aus Ingvar Stenströms
schwedischer Originalversion

von

Dr. Richard Zimmermann
und Peter Liebig

überarbeitet von

Dr. Sven Frank

Aussprache/Pronunciation

Das Alphabet: a, b, c [tse], d, e, f, g, h [ha/hascha], i, j [dschota], k [ka], l, m, n, o, p, qu [ku], r, s, t, u, v. w [ve duple], x [eks], y [ipsilon], z [zeta].

Die Betonung wird durch Unterstreichen des betonten Vokals angezeigt, z.B.: *banana.* Im Allgemeinen gelten in Bezug auf die Aussprache in Interlingua und allen Sprachen lateinischer Herkunft folgende zwei Regeln, die Sie beim Sprechen beachten sollten:

REGEL 1:
Die Betonung liegt auf dem Vokal vor dem letzten Konsonanten. Ausnahmen bilden Wörter, die auf **-s**, **-es**, und **-m** enden: Ex.: *bananas*, *album.*

REGEL 2:
Die Betonung liegt auf dem Vokal vor dem vorletzten Konsonanten, bei Nomen und Adjektiven, die folgende Endungen aufweisen:

-le, -ne, -re Ex.: *facile* einfach, leicht, *nomine* Name, *tempore* Zeit
-ic- *technic* technisch, *technica* Technik
-id- *timide* schüchtern, *acido* Säure
-im- *ultime* letzte, *bellissimo* sehr schön
-ul- *regula* Regel, *angulo* Ecke

(Nota: Natürlich wird man auch mit einer national gefärbten Aussprache verstanden, aber wenn man sich in einer Interlingua-sprechenden Gemeinschaft befindet, ist eine einheitliche Aussprache vorzuziehen.)

Die Vokale *a e i o u* sollten mit den spanischen Vokalen identisch sein. Sie können in betonter Stellung halblang aber nie lang sein, sonst sind sie kurz zu sprechen. Beispiele:

a wie im deutschen Wort "Banane": *banana*
e wie im deutschen Wort "hell": *belle* schön, *persica* Pfirsich
i wie im deutschen Wort "will": *pira* Birne
o wie im deutschen Wort "toll": *pomo* [pommo] Apfel
u wie im deutschen Wort "Frucht": *fructo* Frucht
y wie *i*: *psychologic* [psikologik] psychologisch

Diphthonge

eu wird als ein kurzes *e* + ein kurzes *u* ausgesprochen. Also nicht wie im Deutschen! Beispiel: *Europa* [e-uropa].

Zwei aufeinander folgende Vokale bilden nicht immer einen Diphthong. Z.B.: *pais* [pa-is] Land, *mais* [ma-is] Mais.

Merken Sie auch, dass z.B. ein Wort wie *re|union* wie [re-union] auszusprechen ist, und *re|introducer* wie [re-introdutser], da sie aus einem Präfix und einem Wortstamm bestehen, der zufällig mit einem *u* bzw. einem *i* anfängt.

Die Konsonanten spricht man wie im Deutschen aus, außer folgenden:

- **c** wie *ts* vor e und *i/y*: *cento* [tsento] hundert; *cifra* [tsifra] Ziffer; *cyclo* [tsiklo] Fahrrad
- **c** wie *k* in allen übrigen Fällen: *canto con cultura* Gesang mit Kultur; *practic* [praktik] praktisch; *accento* [aktsento] Akzent
- **ch** wie *k*: *chaos*, *choro*, *chimia*
- **ch** wie *sch*: *chocolate* [schokolate]; *charme* [scharme]
- **g** wie in “Garten”: *in general* im Allgemeinen. In den Silben *-age* und *-agi-* wird das *g* wie in dem englischen Wort “George” [dschordsch] ausgesprochen. Die Aussprache wie franz. *j* kommt auch vor. Der Autor dieses Buches meint aber dass es gute Gründe gibt, die ersterwähnte Aussprache zu empfehlen.
- **ng** und **gn** werden mit deutlich hörbarem *g* gesprochen: *longe* [longe], *signo* [signo]
- **j** ist als dsch zu sprechen: *joco* [dschoko] Spiel, *Le Jocos Olympic*
- **qu** als *k* + ein kurzes *u*: *quando* [kuando] wann, als
- **r** sollte mit der Zungenspitze ausgesprochen werden
- **s** ist im In- und Auslaut stimmlos: *saper* wissen, *libros* Bücher. Zwischen Vokalen kann man das *s* stimmhaft aussprechen, z.B.: *rosa* Rose, *these*
- **v** wie deutsches *w*: *viver* leben
- **w** je nach Ursprung: wie konsonantisches *u*: *whisky* (englisch); wie deutsches *w*: *walzer* Walzer
- **y** wird gesprochen als konsonantisches *j*: *Yugoslavia*, oder als vokalisches *i*: *typo* [tipo]
- **z** wie stimmhaftes *s*: *zero* [zero] Null
- **ph** = *f*
- **th** = *t*

t = *ts* in den Nachsilben -*antia* [antsia], -*entia* [entsia], -*tie* [tsie] und -*tion* [tsion] (es sei denn, dass es sich um eine betonte Silbe handelt oder das -t- von einem -s- begleitet wird, e.g. *garantia*, *question*), z.B.: *tolerantia* [tolerantsia]; *differentia* [diferentsia]; *tertie* [tertsie]; *nation* [natsion].

Zur Unterstützung der korrekten Aussprache empfiehlt sich die Audio-CD "Ingvar Stenström: Interlingua – Instrumento moderne de communication international" mit den Lektionen 1-29 des Teiles "Textos", aufgenommen vom Autor des Kurses persönlich. Die CD ist erhältlich unter www.lulu.com oder kann direkt beim Bücherdienst der Welt Interlingua Union bestellt werden (www.interlingua.com/libros).

Erklärungen/Explicationes
(Hinweise zum Studium des Lehrgangs)

Die in den Texten des Lehrganges vorkommenden Zahlen von 1 bis 56 verweisen auf Erläuterungen, die gegeben werden. Es ist zum Verständnis des Textes generell nicht notwendig, sofort den gesamten betreffenden Abschnitt durchzuarbeiten, weil im Verlauf des Lehrganges noch mehrfach Hinweise gegeben werden. Beginnen Sie das Studium jeder Lektion damit, mehrmals das Lektionswortschatz durchzulesen! Achten Sie dabei besonders auf die Betonung! **Die Hauptbetonung eines Wortes liegt meist auf dem Vokal vor dem letzten Konsonanten**. In Zweifelsfällen ist die Betonung in den Vokabelverzeichnissen durch einen Strich unter dem zu betonenden Vokal gekennzeichnet, z.B. **tamen** dennoch.

Lesen Sie dann mehrmals den Text der jeweiligen Lektion, am besten laut! Wenn Sie der Ansicht sind, den Text so fließend wie einen deutschen Text lesen und sogar schon ins Deutsche übersetzen zu können, dann lesen Sie ruhig noch einige Male laut! Sie wissen doch: *Repetition es le matre del studios* (internationales Sprichwort) = Die Wiederholung ist die Mutter der Weisheit. Am Anfang wird es gut sein, immer wieder in der Wortliste und in den "Erklärungen/Explicationes" nachzuschlagen. Nach Abschluss einer Lektion empfiehlt es sich, die erworbenen Vokabelkenntnisse zu kontrollieren. Decken Sie also eine Seite der Vokabelliste zu und prüfen Sie, ob Sie jedes deutsche Wort in Interlingua nennen können und umgekehrt!

Lection 1

LISTA DE VOCABULOS

lection Lektion
un eins, ein,-e
prime erst/e,-er,-es
vos Sie, ihr
vide sehen, siehst
libro Buch
nigre schwarz/e,-er
le best. Artikel
es ist, sind
esque [eske] leitet Fragen ein, die mit ja oder nein beantwortet werden
si ja
illo es, das
grande groß/e,-er,-es
no nein
senior Herr, mein Herr
non nicht
micre klein
io ich
prende nehme, nimmst
blanc weiß/e,-er,-es
nunc (oder: **ora**) nun, jetzt
ha habe, hat...
duo zwei
plus plus, und
e und
ecce [ektse] Sieh! Hier ist/sind
ille er
elegante elegant, fein
que [ke] was? *(Fragewort)*
face [fatse] macht
sta steht
ante vor, davor
banco Bank
on man
solmente nur, bloß
ma (oder: **sed**) aber, doch
sol allein
seniora Frau
sede sitzt
sur, **super** auf, über

EXPLICATIONES

1 **un** “ein, eine” ist der **unbestimmte Artikel**; “un” auch = eins.

2 **le** ist der **bestimmte Artikel** (deutsche Aussprache, nicht wie im Französischen auszusprechen!). Er gibt an, dass von einer schon bekannten oder erwähnten Person oder Sache die Rede ist. Beispiele:

***le* libro**	*das* Buch
***le* libros nigre**	*die* schwarzen Bücher
***le* seniora elegante**	*die* elegante Dame
***le* interesse**	*das* Interesse

Beachten Sie: Der Artikel bleibt unverändert unabhängig von Geschlecht, Zahl und Fall.

3 **-s, -es** bezeichnen den **Plural**: z.B. **auto**, **auto*s***. Das **-s** wird an Wörter angefügt, die auf Vokal enden. Endet ein Wort auf Konsonant, wird **-es** angefügt, z.B. **union**, **union*es***. Beachten Sie dabei, dass dadurch die Betonung nicht verändert wird.

Dieses Plural-s kommt ja auch in anderen Sprachen vor wie z.B. im Englischen, im Französischen, im Spanischen, im Portugiesischen, im Niederländischen oder im Lateinischen – und im Deutschen.

EXERCITIO

Wie heißt in Interlingua:

1. die Bänke, die weißen Bänke.
2. Zwei Herren sitzen auf einer Bank.

4 **Nigre** ist ein **Adjektiv**, ein Wort, das eine Eigenschaft bezeichnet. Es steht meistens hinter dem Substantiv wie in romanischen Sprachen. Kurze und allgemeingebräuchliche Adjektive können auch vor das Substantiv gesetzt werden. Beispiele:

un *bon* amico ein guter Freund
le *grande* libro das große Buch
le *juvene* senior der junge Herr
le *vetule* amicos die alten Freunde

5 **Libros nigre** schwarze Bücher. Adjektive werden nicht dekliniert, erhalten also auch kein Plural-s. Beispiele:

ein rotes Buch **un libro rubie**
zwei rote Häuser **duo casas rubie**

6 **Si, illo es nigre**. An Stelle des Substantivs kann das **Pronomen** stehen, besonders, wenn das Substantiv wiederholt werden soll. "pro nomine" ist lateinisch. Es heißt "für den Namen". Auch in Interlingua heißt "für" *pro*.

Für Wörter, die männliche Wesen bezeichnen, setzt man das Pronomen **ille**. Für Wörter, die weibliche Wesen bezeichnen, setzt man das Pronomen **illa**. Für Wörter, die weder männliche noch weibliche Wesen bezeichnen, setzt man das Pronomen **illo**.

Im Plural heißt es entsprechend **illes**, **illas**, **illos**. Auch für uns nahestehende Haustiere verwenden wir *ille* und *illa*. Gewöhnlich aber wird *illo* verwendet. *Illes* heißt es auch, wenn beide Geschlechter gleichzeitig gemeint sind.

EXERCITIO

Setzen Sie in folgenden Sätzen das passende Personalpronomen ein!

3. Esque le libro/s/ es blanc? – Si, ... (...) es blanc.
4. Esque le senior/es/ es elegante? – Si, ... (...) es elegante.
5. Esque le seniora/s/ es elegante? – Si, ... (...) es elegante.

Lection 2

LISTA DE VOCABULOS

secunde zweit/e,-er,-es
juvene [dschuvene] jung
reguarda sieht an
  reguardar ansehen *(Inf.)*
dama Dame
illa sie *(3. Pers. Sg.)*
senioretta Fräulein
belle schön
la sie *(Akk. 3. Pers. Sg.)*
con mit
interess|e Interesse
  interess|ar sich interessieren
  interess|ante interessant
  interess|ate interessiert
nostre unser/e,-er,-es
amico Freund
le ihm, ihn
tamen jedoch, dennoch
sin ohne *(Präposition)*
nos wir
debe müssen, sind gezwungen
constatar konstatieren, feststellen
iste dieser da
facto Fakt, Tatsache
tragic tragisch
ja(m) [dscham] schon
pensa denkt
fatigate müde, ermüdet
seder sitzen
  seder se sich setzen
dice sagt
  dicer *(Inf.)* sagen
a zu dem, zu der; *Dativobjekt*
excusa Entschuldige(n Sie)!
me mich
permitte erlaube(n Sie); von
  permitter erlauben
que [ke] dass *(Konjunktion)*
responde antwortet
  responder antworten
  responsa Antwort
per mit, durch, mittels
parola Wort
signo Zeichen
capite Haupt, Kopf
  capital *(Adj.)* hauptsächlich

———

question Frage
multo sehr, viel *(Adv.)*

EXPLICATIONES

7 Personalpronomen

SINGULAR		**NOMINATIV**		**DATIV/AKKUSATIV**	
1. Pers.		**io**	ich	**me**	mir, mich
2. ”		**tu**	du	**te**	dir, dich
”		**vos**	Sie	**vos**	Ihnen, Sie
3. ”	mask.	**ille**	er	**le**	ihm, ihn
	fem.	**illa**	sie	**la**	ihr, sie
	neutr.	**illo**	es	**lo**	ihm, es

Vgl. par. 6.

PLURAL					
1. Pers.		**nos**	wir	**nos**	uns
2. ”		**vos**	ihr, Sie	**vos**	euch, Ihnen, Sie
3. ”	mask.	**illes**	sie	**les**	ihnen, sie
	fem.	**illas**	”	**las**	”
	neutr.	**illos**	”	**los**	”

Reflexivpronomen: **se** = sich
Unbestimmtes Pronomen: **on** = man, **uno** (Objektform) = ein

8 **Vide** (= sieht), **prende** (= nimmt), **face** (= macht), **sta** (= steht), **sede** (= sitzt), die in Lection 1 vorkommen, sind **Verben**. Diese drücken Handlung aus oder berichten darüber, was jemand tut. In Lection 2 finden wir die Verbformen **reguarda**, **debe**, **pensa**, **dice**, **permitte** usw. Alle diese Verben haben die Form des **Präsens**. Das Präsens sagt uns, dass gegenwärtig oder beständig etwas geschieht. **In der Interlingua endet das Präsens immer auf Vokal**: **-a**, **-e** oder **-i**.

9 **Constatar** (= feststellen), **seder** (= sitzen), **audir** (= hören), **finir** (= beenden, schließen) sind Verbformen des **Infinitiv**s, der Form, die man als Stichwörter in den Vokabelverzeichnissen und Wörterbüchern findet. In Interlingua ist der Infinitiv die einzige Form, die man braucht, um alle anderen Verbformen davon ableiten zu können. **In Interlingua enden alle Infinitive immer auf -r**. Die Präsensform bildet man so, dass das Schluss-r weggelassen wird. Beachten Sie aber dabei, dass sich die Betonung verlagert!

EXERCITIO

Übersetzen Sie in die Interlingua:

1. Sehen Sie eine junge Dame auf der Bank?
2. Ja, /mein/ Herr, ich sehe sie.
3. Sie müssen sie sehen!
4. Sie ist nicht nur jung, sondern (= **ma** oder **sed**) auch (= **tamben** oder **etiam** oder **anque**) schön.
5. Was sagt der junge Herr zu ihr?
6. Unsere junge Dame antwortet nicht.

10 **Excusa!** (Entschuldige(n Sie!)) ist die Befehlsform, der **Imperativ** hat dieselbe Form wie das Präsens. Vom Präsens unterscheidet sich der Imperativ dadurch, dass er ohne Subjekt steht.

EXERCITIO

7. Antworte mir!
8. Sitz auf der Bank!
9. Schau! (Sieh!)

11 **Non** (= nicht) steht unmittelbar **vor** dem zu verneinenden Wort. (In Interlingua heißt verneinen *negar*, die Verneinung: *negation*. Eine Person, die gerne "nein" sagt, ist *negative*.)

12 **a** (= zu, an, in, auf, bei) ist eine **Präposition**. **A** wird immer mit **le** zu **al** zusammengezogen. Die Präpositionen regieren die Objektformen *me* und *te*, für die übrigen gilt immer die Grundform, z.B.: **Ille face un signo a me (te, ille, illes** usw.). In Interlingua existiert also keine Fallrektion wie beispielsweise im Deutschen oder Russischen.

Lection 3

EXPLICATIONES

13 Bei den Zahlwörtern gibt es zwei Arten: **un, duo** usw. sind **Grundzahlen** (numeros cardinal), **prime, secunde** usw. nennt man **Ordnungszahlen** (numeros ordinal). Genaugenommen müssten letztere unter Fortfall eventueller Endvokale von den Grundzahlen abgeleitet werden, was durch die Endung **-esime** (Betonung beachten!) geschieht. Da jedoch eine große Anzahl von Ableitungsformen aus den unregelmäßigen lateinischen Stämmen (wie z.B. primär, sekundär usw.) gebildet sind, ist es vorteilhaft, diese Formen zu benutzen und die Regelform mit der Endung *-esime* erst bei 20 beginnen zu lassen, z.B.: **le vintesime, trentesime** usw.

Diese Lektion ist vom Inhalt her leicht zu verstehen, erfordert indessen aber vieles Üben, um sich die Zahlwörter fest einzuprägen und bald Zahlengruppen in Interlingua lesen und aussprechen zu können. Lesen Sie deshalb den Lektionstext mehrere Male laut! Das ist außerdem eine nützliche Ausspracheübung.

EXERCITIO

Schreiben Sie in Buchstaben:

1. 76
2. 135
3. 1971
4. 12434
5. 778 903
6. 18 765 432
7. 32 × 4 = 128
8. der Siebente
9. der Dreiundachtzigste
10. der Zehnte
11. der Elfte
12. der Achte
13. der Neunzehnte

Bei der **Datumsangabe** wendet man die in den romanischen Sprachen übliche Form an, z.B. **Le prime (die) de septembre**, für die übrigen Zahlen aber nur die Grundzahlen: **le (die numero) duo de septembre**; desgleichen die Zahlen hinter Königsnamen, z.B.: **Carolo le quatro** (Karl IV).

14 **Le continuation del (= de le) historia** = die Fortsetzung der Geschichte. Die Präposition **de** bildet den Genitiv und bezeichnet den Eigentümer. **De le** wird zu **del** zusammengezogen, z.B. **le patre de Hugo** Hugos Vater; **le casa de un amico** das Haus eines Freundes; **le libros del amicos** die Bücher der Freunde.

EXERCITIO

Übersetzen Sie:

14. Der Freund des jungen Herrn.
15. Die Geschichte unseres Freundes.
16. Er zählt die Wörter der Lektion (zählen = **contar**).

Lektion 4

LISTA DE VOCABULOS

quando wann, als, wenn
illes sie *(Personalpron.)*
sedeva saßen
ibi dort
presso neben, bei
altere andere
le un ... le altere einander
su sein *(Poss.-Pron.)*
passava passierte, ging vorbei
salutava grüßte
heroe Held
audiva hörte
cosa Sache
absorbeva nahm ganz in Anspruch
troppo zu sehr
remarcava bemerkte
tunc dann, alsdann
se approchava [aproschava] näherte sich
critava rief laut, schrie
a zu, bei; hier: mit
voce Stimme
forte stark, kräftig
bon gut

die Tag
como sta tu? Wie geht es dir?
salute hallo, he!
gratias danke
regratiar danken
ben gut *(Adv.)*
qui [ki] der, welcher
sentiva fühlte
embarassate geniert, gestört
embarassar hindern, verlegen machen
parlava sprach, redete
alcun (**alicun**) einer
minuta Minute
conversation Gespräch
esseva war; vom Infinitiv
esser sein; Präsens: **es**/**se**/

———

ubi wo?
proque [proke] warum?; weshalb?; auch: weil
longe lang
tempore Zeit
longe tempore lange Zeit
se sich

EXPLICATIONES

15 Die Endung **-va** zeigt die **Vergangenheit** an. Beispiele:

Er sitzt (heute)	**ille sede (hodie)**
Er saß (gestern)	**Ille sedeva (heri)**

Wenn Sie das Schluss-r des Infinitivs wegstreichen und an dessen Stelle die Endung **-va** setzen, haben Sie das Imperfekt gebildet, z.B. Infinitiv: **seder** sitzen, Weglassen der Endung **-r**: **sede** (= Präsensstamm), Anfügen der Endung **-va**: **sedeva** (= Imperfekt). Weitere Beispiele:

sprechen – spricht – sprach	**parlar – parla – parlava**
hören – hört – hörte	**audir – audi – audiva**

Lection 5

LISTA DE VOCABULOS

Von nun an werden die Verben im Allgemeinen nur im Infinitiv gebracht.

abandonar verlassen, übergeben
poter können, imstande sein
  potente mächtig
  potentia [potentsia] Macht, Vermögen
lassar lassen
pensata Gedanke
retornar zurückkehren
femina Frau, Weib
  feminin weiblich
charmante [scharmante] entzückend
discoperir entdecken, gewahr werden
  coperir bedecken
maniera Art, Weise
informar aufklären, unterrichten
  information Mitteilung, Information
concerner betreffen, angehen
  concernente betreffend
leger lesen
  lectura Lesen, Lektüre
in general im Allgemeinen
homine Mann, Mensch
  viro Mann
  viril männlich
  virilitate Männlichkeit
(as)satis recht, ausreichend
discrete taktvoll, verschwiegen
  indiscrete taktlos
hodie heute
un poco ein wenig, etwas
su sein, ihr
  su ... de ille sein
  su ... de illa ihr
re betreffend
nation Nation, Volk
unir vereinen
  unite vereinigt
organisation Organisation
  organisar organisieren
international international
scriber schreiben
  scribite geschrieben
inter zwischen
lingua Sprache, Zunge
moderne modern, neuzeitlich
idioma Sprache
auxiliar Hilfs- *(Adj.)*
que der, welcher *(Sachen und Personen)*. Siehe par. 26!
utilisate benutzt, angewendet
periodico Zeitschrift
studente Student
voler wollen
devenir werden
medico Arzt
  medical ärztlich
  medicamento Medikament
  medicina Medizin, Heilkunde
  medicar medizinisch behandeln

———

qual? welch/e,-er,-es
que? was?

EXPLICATIONES

16 **/Ha/ ... -te.** ***Ha*** **abandona*te*, scribi*te*, discoperi*te***: Hat verlassen, geschrieben, entdeckt. Das **Perfekt** wird mit dem Hilfsverb **ha** + **Wortstamm** (abandona-, scribe-, discoperi-) + **-te** gebildet, wobei das **-e** des Verbstammes aller Verben auf **-e-** in **-i-** übergeht (sprachhistorische Gründe).

EXERCITIO

Lesen Sie noch einmal alle Lektionen von 1 bis 5 mit sämtlichen Verben,

1. im Imperfekt (**-va**-Formen), und
2. im Perfekt (**-te**-Formen)!

Lection 6

LISTA DE VOCABULOS

prender un decision
einen Beschluss fassen
apprender lernen
apprendera wird lernen
comenciar beginnen
immediate unmittelbar
immediatemente unmittelbar *(Adv.)*
visitar besuchen
bibliotheca Bibliothek
pro für, um ... zu
cercar suchen
manual Lehrbuch; eigentl.
/**libro**/ **manual** Handbuch
mano Hand
dictionario Lexikon, Wörterbuch
a casa nach Hause
in casa daheim, zu Hause
attaccar angreifen
diligente fleißig
diligentia Fleiß
studio Studium
programma de studio Studienplan

fixe fest
fixar bestimmen
habeva fixate hatte bestimmt
intender beabsichtigen
intention Absicht
multe viele
multo sehr, viel
rapide schnell
rapidemente schnell *(Adv.)*
thema Thema
le thema del lection
das Thema der Lektion
divider teilen, aufteilen
division Division, Teilung, Aufteilung
tempore Zeit
primo erstens
nomine Name
mense Monat
anno Jahr

———

explicar erklären

EXPLICATIONES

17 **-ra** wird an den Präsensstamm angefügt und bildet damit das **Futur** (Zukunft): **visitara**, **apprendera**, **finira**, (wird besuchen, wird lernen, wird beenden). Wenn etwas unmittelbar oder in naher Zeit geschehen wird, wendet man wie im Französischen und Englischen das Wort **va** (= geht) + **Infinitiv** an: **Illa va prender lo**: Sie wird es (sofort, gleich) nehmen.

18 Drei wichtige Verben:

INFINITIV	PRÄSENS	IMPERFEKT	FUTUR	PARTIZIP PERFEKT
haben	hat	hatte	wird haben	gehabt
haber	**ha/be/**	**habeva**	**habera**	**habite**
sein	ist	war	wird sein	gewesen
esser	**es/se/**	**esseva**	**essera**	**essite**
gehen	geht	ging	wird gehen	gegangen
vader	**va/de/**	**vadeva**	**vadera**	**vadite**

Diese drei häufig gebrauchten Hilfsverben haben im Präsens eine Kurzform: **ha**, **es**, **va** statt **habe**, **esse**, **vade**. Der Imperativ dagegen muss ungekürzt bleiben.

19 **Adverbien** sind Wörter, die auf die Fragen **wann? wo? wie?** antworten. Sie werden von den Adjektiven abgeleitet, indem man an das Adjektiv die Endung **-mente** anfügt, nach *-c* **-amente**. Beispiele:

Der Zug ist schnell (Adj.)	**Le traino es rapide**
Die Züge sind schnell (Adj.)	**Le trainos es rapide**
Der Zug fährt schnell (Adv.)	**Le traino va rapidemente**
Die Züge fahren schnell (Adv.)	**Le trainos va rapidemente**

un homine practic	ein praktischer Mann
travaliar practicamente	praktisch arbeiten

Eine andere Adverb-Endung ist die auf **-o**: **primo** erstens, **secundo** zweitens, **tertio** drittens; **multo** viel.

Außer den von Adjektiven abgeleiteten Adverbien gibt es noch die ursprünglichen Adverbien, z.B. **nunc** nun, **ibi** da, dort usw., und zusammengesetzte Adverbien: **non del toto** gar nicht, **a pena** kaum.

Lection 7

LISTA DE VOCABULOS

tosto bald
isto dieses

le ihm
semblar scheinen

facile leicht
difficile schwierig
postea nachher, danach
alte hoch
a voce alte laut
septimana Woche;
vgl. **septe** sieben
dominica Sonntag
lunedi Montag
martedi Dienstag
mercuridi Mittwoch
jovedi Donnerstag
venerdi Freitag
sabbato Sonnabend
significar bedeuten
significa bedeutet
Domino Deo der Herrgott
in latino in Latein
luna Mond
i.e. = **isto es** d.h. = das heißt
deo Gott
dea Göttin
guerra Krieg
amor Liebe
origine Ursprung
original ursprünglich
hebree hebräisch
importante wichtig
los sie *(auf Dinge bezogen)*
saper wissen, kennen
data Datum
mi mein, meine
incontro Begegnung, Treffen
futur zukünftig
futuro Zukunft
con illa mit ihr
murmurar murmeln
sonio Traum
soniar träumen
de novo von vorn, von neuem
supra über

———

o oder
nocte Nacht
adjectivo Eigenschaftswort, Adjektiv
correspondente entsprechend
substantivo Dingwort, Substantiv
basse niedrig, tief

EXPLICATIONES

20 **Betonungsregel 2**: **Die Betonung liegt auf dem Vokal vor dem vorletzten Konsonanten, bei Substantiven und Adjektiven, die folgende Endsilben haben**, wie nachstehend demonstriert:

-le, **-ne**, **-re**:	*facile* leicht, *nomine* Name, *tempore* Zeit
-ic, **-ica**, **-ico**:	*technic* technisch, *technica* Technik, *technico* Techniker
-ide, **-ido**:	*timide* ängstlich, *acido* Säure
-ula, **-ulo**:	*regula* Regel, *angulo* Winkel, Ecke
-ime:	*ultime* letzt/e,-er,-es

Die Pluralendung **-s** wird von dieser Betonungsregel nicht betroffen: **tempores** (= Zeiten) betont man immer genau so wie **tempore** (= Zeit).

Lection 8

LISTA DE VOCABULOS

effortio Anstrengung; von: **ex-fort-io**
concentrar konzentrieren
continuar fortsetzen
solo, solmente: nur, bloß; allein *(Adv.)*
omne alle ..., jeder
es dividite ist geteilt
consister de bestehen aus
hora Stunde
cata jeder, jede, jedes
il ha es gibt
secunda Sekunde
tamben (oder **etiam** oder **anque**) auch
longe lang
benque [benke] obgleich, obwohl
periodo Zeitraum, Periode
curte kurz
  breve kurz
  plus curte kürzer
  le plus curte der/die Kürzeste
mesura Maß, Messung; Maßnahme

practic praktisch
on *(Pronomen)* man
attender warten, erwarten
alcuno jemand *(männlich)*
  alcuna jemand *(weiblich)*
longissime besonders lang
opposito Gegensatz

———

numero Nummer, Anzahl, Zahl
Que hora es il? Wie spät ist es?
ante vor
  post nach, hinter
quarto Viertel
medie halb
arrivar ankommen
  partir abfahren, abgehen
traino Zug
del vespere abends, am Abend
del postmeridie nachmittags
heri gestern
deman morgen

EXPLICATIONES

21 Die Form des **Passivs** wird wie im Englischen mit Hilfsverb **esser** + **Partizip Perfekt** gebildet. Beispiele:

Le libro es comprate	Das Buch wird gekauft
Le libro esseva comprate	Das Buch wurde gekauft
Le libro ha essite comprate	Das Buch ist gekauft worden
Le libro essera comprate	Das Buch wird gekauft werden

Hier ein guter Rat für das Übersetzen in die Interlingua: Vermeiden Sie möglichst die langen Passiv-Formen!

EXERCITIO

1. Das Buch ist vom (von = **per**) Arzt geschrieben worden.
2. Die Bücher wurden von ihm geschrieben.
3. Das Buch war von einem Professor geschrieben worden.

4. Wird ein Brief (**un lettera** oder **un littera**) vom Sekretär (**secretario**) /von der Sekretärin (**secretaria**)/ geschrieben werden?
5. Das Programm wurde vom Präsidenten (**presidente**) beendet. (beenden = **finir**)

22 **Die Komparation der Adjektive und Adverbien** erfolgt dadurch, dass man die Wörter **plus** und **le plus** (*plus* = mehr, *le plus* = meist) vor die Positivform setzt, um den Komparativ und den Superlativ zu bilden. Beispiele:

grande groß; **plus grande** größer; **le plus grande** am größten.

Neben diesen regelmäßigen Steigerungsformen gibt es für einige Adverbien und Adjektive eine unregelmäßige Steigerung, die aus dem Lateinischen und seinen Tochtersprachen als Lehnwörter übernommen worden sind. Es sind nicht viele. Man lernt sie am besten auswendig.

POSITIV		**KOMPARATIV**	**SUPERLATIV**
gut (Adj.)	**bon**	**plus bon**	**le plus bon**
	bon	**melior**	**le melior**
	bon	**melior**	**le optime**
schlecht (Adj.)	**mal**	**plus mal**	**le plus mal**
	mal	**pejor**	**le pejor**
	mal	**pejor**	**le pessime**
gut (Adv.)	**ben**	**plus ben**	**le plus ben**
	ben	**melio**	**le melio**
schlecht (Adv.)	**mal**	**plus mal**	**le plus mal**
	mal	**pejo**	**le pejo**
groß	**magne**	**plus magne**	**le plus magne**
	magne	**major**	**le major**
	magne	**major**	**le maxime**
klein	**parve**	**plus parve**	**le plus parve**
	parve	**minor**	**le minor**
	parve	**plus parve**	**le minime**

Weitere Beispiele für die Komparation:

Nostre auto es *minus* elegante *que* vostre.

Unser Auto ist *weniger* elegant *als* eures.

Lor auto es *le minus* elegante ex omnes.

Ihr Auto ist das *am wenigsten* elegante *von* allen.

Iste auto es *tanto* elegante *como* le altere.
Dieses Auto ist *genau so* elegant *wie* die anderen.

"Nos vole vader per un traino rapide" – "Iste traino es rapide, multo rapide, rapidissime!" – "Ben, ma nos vole vader per un traino plus rapide, per le traino le plus rapide que existe."

Beispiele mit Adverb:
Le traino va *rapidemente*.
Un avion (Flugzeug) **vola** (fliegt) ***plus rapidemente*.**
Un rocchetta (Rakete) **vola *le plus rapidemente*.**

23 Die Silbe **-issime** (mit Betonung auf *-iss-*) bedeutet, an ein Adjektiv angefügt, *sehr*, *besonders*, z.B. **longe** lang, **longissime** sehr lang, besonders lang; **docte** gelehrt, **doctissime** sehr gelehrt, hoch gelehrt; **car** lieb, **carissime** sehr lieb.

Die Adverbform lautet **-issimo**. Beispiele: **ben** gut, **benissimo** ausgezeichnet, besonders gut. Natürlich sind die Formen auf **-issimemente** auch möglich.

EXERCITIO

6. Ulla ist schön, Birgitta ist schöner, aber Anna ist die schönste von allen.
7. Das Substantiv ist das wichtigste Wort.
8. Diese Art ist genau so leicht wie die andere. (diese Art = **iste maniera**)

Lection 9

LISTA DE VOCABULOS

matino Morgen
accompaniar begleiten
durante während
 durar dauern
ordinari üblich
vita Leben
horologio Uhr
eveliator Wecker
 eveliar wecken
ruito Lärm
terribile schrecklich
tabula Tisch
lecto Bett
levar se aufstehen, sich erheben
enthusiasmo Begeisterung
supponer vermuten, annehmen
rasar se sich rasieren
 rasorio Rasierapparat

electric elektrisch
electricitate Elektrizität
brossar bürsten
brossa Bürste
dente Zahn
lavar waschen
camera Raum, Zimmer, Kammer
banio Bad
vestir se sich anziehen
disvestir ausziehen
vestimento Kleid(ungsstück)
preparar vorbereiten, zubereiten
post haber preparate nachdem er zubereitet hatte
jentaculo Frühstück
modeste bescheiden
mangiar [mandschar] essen
nova Neuigkeit, Neuheit, Nachricht
jornal Zeitung
quotidian täglich
postero Briefträger
posta Post(amt)
apportar bringen
de bon hora frühzeitig

———

attention Aufmerksamkeit, Achtung
amar lieben; gern haben
dormir schlafen
demandar fragen, fordern
matre Mutter
infante Kind
te dir, dich

EXPLICATIONES

24 Das **Reflexivpronomen se** bezieht sich auf das Subjekt des Satzes 'zurück', ist also rückbezüglich auf dieses. Es wird also genau so wie das deutsche "sich" angewendet.

Die reflexive Form kann auch benutzt werden, um das Passivum auszudrücken: **Iste libro se vende multo ben.** Dieses Buch verkauft sich sehr gut (= ... ist sehr gut verkauft).

25 Die **Wortfolge** im Satz ist schon in verschiedenen Zusammenhängen behandelt worden. Hier eine zusammenfassende Übersicht:

1. **Hugo vide le banco.**	Hugo sieht die Bank.
2. **Hugo non vide le banco.**	Hugo sieht die Bank nicht.
3. **Hugo non lo vide.**	Hugo sieht sie nicht.
4. **Hugo vide le grande banco brun.**	Hugo sieht die große braune Bank.
5. **Esque Hugo vide le banco?**	Sieht Hugo die Bank?
6. **Vide Hugo le banco?**	Sieht Hugo die Bank?
7. **Esque Hugo lo vide?**	Sieht Hugo sie?
8. **Lo vide Hugo?**	Sieht Hugo sie?
9. **Hugo pote vider lo.**	Hugo kann sie sehen.
10. **Ille da su libro a Eva.**	Er gibt Eva sein Buch.
11. **Ille da su libro a illa.**	Er gibt ihr sein Buch.

12. **Ille la da su libro.** Er gibt ihr sein Buch.
13. **Ille la lo da.** Er gibt es ihr.
14. **Le libro de Hugo.** Hugos Buch.

Erläuterungen hierzu

1. Die Normalwortfolge ist *Subjekt + Prädikat + Objekt.*
2. **Non** und ähnliche Wörter werden vor das betreffende Wort gesetzt.
3. Ist das Objekt ein Personalpronomen, setzt man es vor die betreffende Verbform mit Ausnahme des Infinitivs und des Imperativs.
4. Die meisten Adjektive stehen hinter dem Substantiv. Einige kurze und allgemein gebräuchliche stehen vor dem betreffenden Substantiv.

5-8. Fragen, die mit "ja" oder "nein" beantwortet werden können, leitet man entweder mit dem Fragewort **esque** ein oder stellt das Prädikat vor das Subjekt.

9. Das Objektpronomen setzt man in normale Wortfolge, weil das Verb ja im Infinitiv steht. Siehe auch unter 3.!

10-11. Dem Dativobjekt stellt man die Präposition **a** voran.

12. Siehe unter 3.! (**la** = ihr)
13. Werden sowohl Dativ- als auch Akkusativobjekt durch Pronomen bezeichnet, steht der Dativ vor dem Akkusativ.
14. Wörter, die den Besitz bezeichnen, stehen vor denen, die den Besitzer nennen; also: Besitz – Besitzer.

Anmerkung: Machen es Rhythmus und eventuell Nachdrücklichkeit erforderlich, kann man gegebenenfalls die oben dargestellten Muster abändern. Bedingung dabei ist, dass Klarheit und Deutlichkeit des Textes nicht darunter leiden.

EXERCITIO

1. Nachdem er das Buch angesehen hatte, kaufte er es.
2. Morgens arbeitet er schlecht, schlechter als abends.
3. Wollte sie ihm das Buch geben?
4. Ja, sie gab es ihm.
5. Haben Sie auch neue Bücher?
6. Sie hat sie mir gekauft.

Lection 10

LISTA DE VOCABULOS

travalio, **labor** Arbeit
comenciamento Anfang
universitate Universität
restar übrig bleiben
studiar studieren
libro de medicina Medizinbuch
sempre immer
nunquam niemals
simple einfach
amusante Vergnügen bereitend
professor Professor, Lehrer
venir kommen
ab von, ab, von ... weg
urbe Stadt
pronunciar aussprechen
  pronunciar un discurso einen Vortrag halten
volar fliegen
sovente oft
appertiner gehören
un certe ein gewisser
parco Park
puera Mädchen
  puero Junge
de qui dessen
non mesmo nicht einmal
cognoscer kennen, wissen
"Io idiota" "ich Idiot"
ascoltar anhören
usque a [uske] bis zu
lunch, **prandio** Mittagessen
mediedie Mittag (Zeitpunkt)
restaurante Restaurant
modic billig, mäßig
  a precio basse zu niedrigem Preis
  car teuer
ubi wo
soler zu tun pflegen, gewohnt sein
mangiar essen
dar geben
va wird *(Futur)*
postmeridie Nachmittag
attender warten
demonstration Demonstration
clinica Klinik
hospital Krankenhaus
repasto Mahlzeit
alora, **tunc** also, da

---

cantar singen

EXPLICATIONES

26 Die **Relativpronomina** (pronomines relative) *der*, *welcher*, *die*, *welche*, *das*, *welches*, *was* werden in Interlingua durch **que** wiedergegeben. Beispiele:

Ecce le libro que ille vole.
Hier ist das Buch, das er wünscht.
Ecce le dama que io videva heri.
Hier ist die Dame, die ich gestern sah.
Ecce le senior que io videva heri.
Hier ist der Herr, den ich gestern sah.

Wenn sie sich aber auf eine Person beziehen und entweder Subjekt im Nebensatz sind oder nach einer Präposition stehen, werden sie durch **qui** wiedergegeben. Beispiele:

Ecce le homine qui me videva heri.
Hier ist der Mann, der mich gestern sah.

Ecce le seniora a qui io dava le libro.
Hier ist die Dame, der ich das Buch gab.

Ecce le puera a qui io dava le libro.
Hier ist das Mädchen, dem ich das Buch gab.

Dinge und Personen können, wenn es die Deutlichkeit erfordert, auch mit **le qual** im Singular und **le quales** im Plural bezeichnet werden. Beispiel:

Le cavallo e le asino, le qual non esseva sellate, curreva a velocitate equal. Das Pferd und der Esel, der nicht gesattelt war, liefen beide mit gleicher Geschwindigkeit.

In diesem Beispiel war also nur der Esel nicht gesattelt. Sind dagegen beide nicht gesattelt, muss es heißen:

Le cavallo e le asino, le quales (oder: **que) non esseva sellate ...**

Cuje (von lateinisch *cuius*) heißt *dessen*, *deren*. Statt **cuje** kann man auch **del qual**, **del quales** oder **de qui** (bei Personen) und **de que** (bei Dingen) sagen. Beispiele:

Le documentos, cuje importantia esseva dubitose, incriminava le spia oder **Le documentos, de que le importantia esseva dubitose, ...**
Die Dokumente, deren Echtheit zweifelhaft war, machten den Spion verdächtig.

Bezieht sich aber *dasjenige*, *welcher*, *was* auf den vorangegangenen Satz, heißt es **lo que**, z.B.:

Io non sape lo que ille pensa.
Ich weiß nicht, was er denkt.

Nos visitava plure museos, lo que esseva multo interessante.
Wir besuchten mehrere Museen, was sehr interessant war.

Lo que on vole, on pote facer.
Das was man will, kann man tun.

Wenn Sie meinen, dass das hier recht kompliziert aussieht, schlagen Sie doch einmal das diesbezügliche Kapitel in irgendeiner Schulgrammatik einer anderen Sprache nach und vergleichen Sie!

Lection 11

LISTA DE VOCABULOS

moneta, **pecunia** Geld
comprarea würde kaufen
(siehe par. 27!)
automobile Auto
inusual ungewöhnlich
dur hart
molle weich
nostre unser (siehe par. 28!)
bicyclo Fahrrad
bicyclar Rad fahren
via Weg, Straße
pesante schwer
leve leicht (bei Gewicht)
vetere alt
tal solche,-er,-es
in tal caso in solchem Fall
donarea würde schenken
dono Geschenk
donar schenken
dar geben
mi mein usw. (siehe par. 28!)
fratre Bruder
lamentar sich beklagen
le sue der, die, das seinige
si ... que so ... dass
mal schlecht
quasi fast, beinahe
inusabile unanwendbar
besonio Bedürfnis
besoniar brauchen
viage [viadsche] Reise; vgl.
via Weg
viagiar [viadschar] reisen
autobus Bus
il face mal tempore
es ist schlechtes Wetter
sentir se sich fühlen
justo eben, gerade
usate gebraucht
costar kosten
probabile vermutlich
sufficerea würde genügen
inevitabile unvermeidlich
evitar vermeiden
exiger fordern, verlangen
reparation Reparation, Reparatur
camerada Kamerad
posseder besitzen
creder glauben
incredibile unglaublich

---

nove neu

EXPLICATIONES

27 **Ille *comprarea* un auto, si ille habeva moneta.** Er *würde sich* ein Auto *kaufen*, wenn er Geld hätte. Diese Verbform, die ausdrückt, dass die Handlung von einer Bedingung abhängig ist, wird **Konditional** genannt. Im Deutschen beginnt ein Konditional-Nebensatz mit *wenn*.

Die Konditionalform mit **-rea** wird auch angewendet, wenn eine Aussage in indirekter Rede im Futur stehen soll oder würde. Beispiel:
Ille dice: "Io *prendera* un altere traino".
Ille diceva, *que* ille *prenderea* un altere traino.

28 Die **Possessivpronomina** haben eine längere Form, die auf **-e** endet. Diese Form wird angewendet, wenn kein Substantiv folgt. Folgende Beispiele sollen das verdeutlichen:

Ecce un auto!		Da ist ein Auto!
Illo es mi auto,	**illo es le mie.**	meines
Illo es tu auto,	**illo es le tue.**	deines
Illo es su auto,	**illo es le sue.**	seines
Illo es nostre auto,	**illo es le nostre.**	unseres
Illo es vostre auto,	**illo es le vostre.**	eures, Ihres
Illo es lor auto,	**illo es le lore.**	ihres

Nostre autos es plus elegante que le lores.
Unsere Autos sind eleganter als ihre.

Die selbständigen Possessivpronomen können wie Substantive behandelt werden. Sie erhalten demnach das Plural-**s** und je nach Bedarf die Endung **-o** bei männlichen oder **-a** bei weiblichen Personen. Beispiel:
Ille labora nocte e die pro le suos. (... für die Seinen).

Schon in Lektion 5 haben wir gesehen, wie man den Unterschied zwischen *seinem* und *ihrem* behandelt. Beispiele:
Ille lege *su* libro /*de* ille/. Er liest sein Buch.
Ille lege *su* libro /*de* illa/. Er liest ihr Buch.

Natürlich kann das letzte Beispiel auch so heißen:
Ille lege *le* libro *de* illa.

Wortbildung

29 Da nunmehr die Grammatik der Interlingua fast vollständig behandelt ist, werden wir uns in den folgenden Abschnitten mit der interessanten und allgemeinbildenden Wortbildungslehre beschäftigen. Daraus werden Sie sicher direkten praktischen Nutzen beim Studium fast aller europäischen Sprachen ziehen können. (Es ist erstaunlich, was für eine starke Latinität sich selbst in den slawischen Sprachen findet.)

In diesem Zusammenhang sei die Überlegung gestattet, welch großen Gewinn die afrikanischen und asiatischen Völker hätten, wenn sie Interlingua als erste Fremdsprache erlernten. Sie besäßen dann das sprachliche Mittel, das sie relativ problemlos in den Stand setzte, sich mit der europäischen technologischen Kultur bekannt zu machen. Was sie im Übrigen von europäischer Kultur halten mögen – die Einsicht in die Sprachen Europas wird für die Zukunft für ihre ökonomische Entwicklung unentbehrlich sein.

Was wir in der täglichen Umgangssprache mit **Wort** bezeichnen, kann größtenteils in noch kleinere Bestandteile zerlegt werden. Jeder dieser Teile mit einer bestimmten Bedeutung heißt **Morphem**. So besteht z.B. das Wort "Un.gesetz.lich.keit.en" aus fünf Morphemen, nämlich dem *Stamm-* oder *Basismorphem* "Gesetz" sowie vier *Affix-* oder *Zusatzmorphemen*, der *Vorsilbe* (dem *Präfix*) *un-* und den *Nachsilben* (oder *Suffixen*) *lich-keit-en*. In Interlingua heißt dieses Wort "**il|leg|al|itate|s**" (Ungesetzlichkeiten). Das Basismorphem **leg** und das Substantivmorphem **-e** ergeben das Wort **lege** = Gesetz.

Erklärung einiger Fachtermini:

Affix = *ad* "zu" + *fix* = "(an)geheftet", (d.h. Vor- oder Nachsilben)
Präfix = *prae* (im klass. Latein, *pre-* im lebenden Latein, dem Interlingua) "vor" + *fix* (d.h. Vorsilbe)
Suffix = *sub* "unter, nach" + *fix* (d.h. Nachsilbe)
Infix = *in* "in" + *fix*

Assimilation (*ad* + *simile* "gleich") nennt man die in obigem Beispiel dargelegte Erscheinung, dass der Schlusskonsonant eines Präfixes ganz oder teilweise dem nachfolgenden Konsonant angeglichen wird. Beispiele:

in- assimiliert zu **il-** vor dem Laut **l**, zu **im-** vor **b, m, p** und zu **ir-** vor **r-**. Dieses Präfix entspricht dem deutschen *un-*, verneint also das Adjektiv, vor dem es steht.

in|usual ungewöhnlich
in|capabile untauglich
in|certe ungewiss
in|discrete indiskret
im|bapt|is|abile untaufbar
im|matur unreif
im|patiente ungeduldig
im|possibile unmöglich

il|legal ungesetzlich
il|limitate unbegrenzt
il|logic unlogisch
il|legibile unleserlich
ir|real unwirklich
ir|regular unregelmäßig
ir|refutabile unwiderlegbar
ir|responsabile unverantwortlich

in- und seine Varianten haben vor einem Verb oder einem Substantiv die Bedeutung "in, innen, hinein". Beispiele: **in-vader** hineingehen, **invasion**; **in-volver** einwickeln in; **im-braciar** in den Arm nehmen (*bracio* = Arm).

EXERCITIO

Wie heißt der Gegensatz zu:

1. **utile** nützlich
2. **probabile** wahrscheinlich
3. **tolerante** tolerant
4. **justitia** Gerechtigkeit, Rechtswesen
5. **reparabile** reparierbar

30 **-bile**. Suffix oft den deutschen Endungen *-bar* oder *-lich* entsprechend: 1. kann ge-...-t/-en werden, ist ...-lich 2. wert ge-...-t/-en zu werden.

cantar singen	**cantabile** singbar, sangbar
leger lesen	**legibile** lesbar, leserlich
audir hören	**audibile** hörbar
honorar ehren	**honorabile** ehrenwert
usar anwenden	**usabile** anwendbar
portar tragen	**portabile** tragbar

Lection 12

LISTA DE VOCABULOS

synopse Übersicht
forma Form
verbal verbal (Adjektiv zu **verbo**)
canto Gesangsstück, Lied
  canta|r singen, Singen
  canta|tor Sänger
  canta|trice Sängerin
confortabile bequem
  sedia confortabile Sessel ("bequemer Stuhl")
musica Musik
suffrer leiden
  suffrentia Leiden
audir hören
  audibile hörbar
inferno Hölle
  infern|al höllisch
terribile schrecklich
Oh, como Ach, wie
sono Laut, Ton
benque obwohl
probar versuchen, probieren
coperir bedecken
aure Ohr
mano Hand
  manual Hand-, manuell
marito Gatte, Ehemann
  marita Gattin, Ehefrau
imperativo Imperativ
tono Ton
conditional Konditional
constante beständig
interruption Unterbrechung, Abbruch

EXPLICATIONES

31 **Le cantar** = das Singen, der Gesang. Versieht man den Infinitiv mit dem bestimmten Artikel, in geeigneten Fällen auch mit dem unbestimmten Artikel, kann **der Infinitiv als Substantiv gebraucht werden**. Beispiele:

Iste *viagiar* de un pais al altere es fatigante.
Dieses Reisen von einem Land in das andere ist ermüdend.

Le *susurrar* del motor
das Surren des Motors

deber gezwungen sein, müssen
le *deberes* die Aufgaben, die Pflichten

Hiermit haben wir alle Formen des Verbs behandelt, eines der umfangreichsten Kapitel in allen Grammatiken.

Lection 13

LISTA DE VOCABULOS

rosa Rose
brun braun
dar geben
essayo Versuch, Aufsatz
parte Teil
examin|e Examen, Prüfung
  examin|ar untersuchen
  examin|ation Untersuchung, Prüfung
  examin|ator Prüfender
  examin|ando Prüfling
de facto tatsächlich
un vice einmal
antea vorher
plus tosto eher
jardin Garten
  jardin|ero Gärtner
invitar einladen
ille der da, dieser
visita Besuch
passante im Vorbeigehen
ros|iero Rosenbusch
cultivar anpflanzen, züchten
  cultiv|ator Pflanzenzücher
amator Liebhaber, Amateur
communicar mitteilen
congresso Kongress
ir, vader gehen
  irea vider würde gehen um zu sehen
sequente folgender
occurrer sich ereignen
  occurrentia Ereignis
celebration feierliche Veranstaltung
  celebrar feierlich begehen
allegre fröhlich, munter
inspirar eingeben

ancora noch
rar selten
car lieb, teuer
estimar werthalten, schätzen
silente schweigend, still
silentio Schweigen
clar klar, hell
estive sommerlich, Sommer-
estate Sommer
gruppo Gruppe
marchar [marschar] marschieren, zu Fuß gehen
secreto Geheimnis, Heimlichkeit
secrete geheim
pinger malen
color Farbe
diverse verschieden
verde grün
jalne gelb
ambe beide
latere Seite
bilateral zweiseitig
multilateral vielseitig, von vielen Seiten
entrata Eingang
dis|agradabile unbehaglich
re|venir wiederkommen
facer sonar ertönen lassen, klingeln, läuten
campana Glocke, Klingel
aperir öffnen
porta Tür

---

ex|primer ausdrücken
idea Idee
parola Wort
creder glauben
alcun irgendein, irgendwelche

EXPLICATIONES

32 **ille** (= jen/e,-er,-es dort/da) weist auf eine Sache oder Person hin, die vom Sprechenden sich weiter entfernt befindet; **iste** (= dies/e,-er,-es hier) bezeichnet eine Sache oder Person, die sich näher beim Redenden befindet. Beispiel:

Iste auto es plus grande que ille auto.
Dieses Auto ist größer als jenes Auto.

33 **-iero** bezeichnet einen Busch oder Baum:

rosa Rose	**ros|iero** Rosenstrauch
pomo Apfel	**pom|iero** Apfelbaum
pira Birne	**pir|iero** Birnbaum
persica Pfirsich	**persich|iero*** Pfirsichbaum

(*Beachten Sie, dass hier ein h-Einschub erfolgen muss, wenn das *c* vor *i* wie [k] ausgesprochen werden soll.)

Lection 14

LISTA DE VOCABULOS

dubita Zweifel
comprender verstehen
lector Leser
leger lesen
surprisa Überraschung
surprender überraschen
facie Gesicht, Antlitz
rubie rot
juvena junges Mädchen
notar bemerken
satisfaction Genugtuung
subite plötzlich/e,-er,-es
subito plötzlich *(Adv.)*
recognoscer wiedererkennen
sympathic angenehm, sympathisch
mute stumm
como wie
pisce Fisch
certo sicher, gewiss, bestimmt
estrani|e ausländisch, fremd, merkwürdig
estrani|ero Fremdes, Ausland; Ausländer
estrani|era Ausländerin
osar wagen
fluer fließen
fluentemente flüssig, fließend *(Adv.)*
ipse, **mesme** selbst
contente froh, zufrieden
re|vider wiedersehen
volerea möchte gern
entrar eintreten
momento Augenblick
per favor bitte
cercar suchen
ir a cercar holen
dis|parer verschwinden
admirar bewundern
plancas Bücherregal
plenar anfüllen
solo Fußboden
tecto Zimmerdecke
cuje dessen, deren
dorso Rücken
impressionar beeindrucken, Eindruck machen auf ...
ver wahr
obra Werk, Arbeit
arte Kunst
mente Sinn, Seele
formar formen, bilden
phrase Satz
pro|poner vorschlagen

---

pro|ducer produzieren, herstellen
rider lachen
plorar weinen

EXPLICATIONES

34 **-nte** entspricht der deutschen Form *-end*. Viele Sachverhalte lassen sich sprachlich kürzer und deutlicher ausdrücken, wenn sie durch ein **Partizip** (Mittelwort) wiedergegeben werden. Ein Partizip ist eine von einem Verb abgeleitete Form, die wie ein Adjektiv behandelt wird.

Vergleichen Sie dazu den Text der Lektion 14 (**Phrases structural**). In Beispielsatz 4 kann man statt *"... wenn man singt ..."* auch *"singend"* sagen; oder in Beispiel 5 statt *"... indem man liest ..."*: *"lesend"*; oder in Beispiel 6 statt *"... wenn man hört ..."* auch: *"hörend"*.

Es gibt ein Partizip des Präsens und ein Partizip des Präteritums. Das Partizip Präsens entsteht, wenn das Suffix **-nte**, bei Verben auf **-ir** das Suffix **-ente**, an die Präsensform des Verbs angefügt wird, z.B.

cantar – canta|nte **fluer – flue|nte** **audir – audi|ente**

EXERCITIO

1. Ein leidender Mann.
2. Eine überraschende Frage.
3. Als er die Tür öffnete, sah er den jungen Mann.
4. Als er mit Fremden redete, war er nicht unhöflich. (höflich = **polite**).

35 **Le facie *de* mi soror e *le de* mi patre.**
Das Gesicht meiner Schwester und das meines Vaters.

Statt das Substantiv vor dem zweiten Genitiv zu wiederholen, genügt es, den bestimmten Artikel dafür zu setzen. Dieser bestimmte Artikel nimmt die Eigenschaft eines Substantivs an, also die Pluralendung und die verschiedenen Formen für Maskulinum, Femininum und Neutrum. Beispiele:

Le fratres de Petro e /il/les de Paulo.
Peters und Pauls Brüder.

Le sorores de Petro e /il/las de Paulo.
Peters und Pauls Schwestern.

Le autos de Petro e /il/los de Paulo.
Peters und Pauls Autos.

Wenn es zu keiner Unklarheit führt, kann man in allen drei Beispielen natürlich auch sagen: **les de Paulo**.

36 **-o/-a**. Wenn ein auf **-o** endendes Wort ein männliches Wesen bezeichnet kann im Allgemeinen angenommen werden, dass die weibliche Entsprechung dazu auf **-a** endet. Ist es wichtig, auf den Unterschied des Geschlechts besonders hinzuweisen, gibt es in Interlingua natürlich eigene Wörter für diese Begriffe, z.B.:

patre – matre Vater – Mutter	**viro – femina** Mann – Frau	**tauro – vacca** Stier – Kuh
Bei Kindern heißt es:	**filio – filia** Sohn – Tochter	
Desgleichen:	**cosino – cosina** Cousin – Cousine	**catto – catta** Kater – Katze usw.

37 **-ero/-era** bezeichnet einen Mann oder eine Frau, der bzw. einen Beruf oder eine Tätigkeit ausführt (zuweilen auch jemand, der durch irgendetwas charakterisiert ist), z.B.:

libr|ero Buchhändler, **jardin|ero** Gärtner
estranie fremd, **estrani|ero** Fremder
posta, **post|ero** Postangestellter, -beamter
banca, **banch|ero** Bankangestellter, Bankier

38 **-eria** bezeichnet den Ort, Raum oder Platz, wo ein Beruf ausgeübt wird, z.B. **jardin|eria** Gärtnerei.

Sr. Lundgren, le librero, es le possessor de un grande libreria.
Buchhändler Lundgren ist der Besitzer einer großen Buchhandlung.

Lection 15

LISTA DE VOCABULOS

occupate besetzt, beschäftigt
precar bitten, beten
placer gefallen
momento Moment, Augenblick
moment|etto kurzer Augenblick
hesitar zögern
accent|o Betonung
accent|u|ar betonen
forsan vielleicht
un poco etwas
forte stark
fortia Stärke
mult|itude Vielheit
de ubi woher
pais Land
non mesmo nicht einmal
oblid|o Vergesslichkeit, Vergessen
oblid|ar vergessen
vostre euer, Ihr *(Poss.-Pron.)*
celar verbergen, verheimlichen
voluntarie gerne
narrar erzählen
scientias social
Sozialwissenschaften

amabile liebenswürdig, freundlich, siehe par. 30
assecurar versichern
trovar finden
trovar agradabile finden dass etw. angenehm/nett ist
toto alles, ganz
flor Blume
meravilia Wunder, Wunderwerk
meravili|ose wunderbar
mention Erwähnung
mentionar erwähnen
hastar sich beeilen
cambiar wechseln
cambiar de auswechseln, tauschen
quiete ruhig
in|quiete unruhig
escappar entgehen, entfliehen
occasion Zufall, Gelegenheit
pro|poner vorschlagen
de accordo einverstanden
avant|age [avantadsche] Vorteil
idioma, **lingua** Sprache
commun gemeinsam
passo Schritt
vicin benachbart, danebenliegend
vicino Nachbar
sufficer genügen, ausreichen
finir (be)enden, schließen, abschließen
lo essential das Wesentliche
proxime nächst/e,-er,-es
venir cercar holen gehen
hic hier
A que hora? Um wie viel Uhr?
A revider! Auf Wiedersehen

EXPLICATIONES

39 **-etto/-etta** bezeichnet die **Verkleinerungsform** oder gibt einem Wort einen “zärtlichen” Beiton. Bei Wörtern, die ein weibliches Wesen bezeichnen oder sonst auf **-a** enden, wendet man die Form **-etta** an. Beispiele:

pacco (großes) Paket — **pacchetto** Päckchen
furca Heugabel — **furchetta** Tischgabel
statua Statue — **statuetta** Figürchen

-ette Diese Endung wird dem Adjektiv angefügt und ergibt damit die Bedeutung “ein wenig, -chen”:

belle schön — **bellette** niedlich, hübsch

Bilden Sie selbst Beispiele mit Adjektiv + **-ette** und fügen Sie die deutsche Übersetzung bei.

40 **Lo essential** kann als Verkürzung für **illo que es essential** angesehen werden: Das, was wesentlich ist = das Wesentliche. Andere Beispiele:

lo belle das Schöne — **lo ver** das Wahre

Lection 16

LISTA DE VOCABULOS

familia Familie
habitar wohnen (in)
lontan weitab, entfernt, fern, weit
universitari Universitäts-
parentes Eltern
libere frei, ledig
consister de bestehen aus
patre Vater
ferro|via Eisenbahn
  ferrovi|ero Eisenbahner, siehe par. 37
  ferro Eisen
non multo nicht besonders, nicht gerade so
ric reich
  richessa Reichtum
proprie eigen
casa Haus
matre Mutter
le melior = **le plus bon** das Beste
mundo Welt
  mundial weltweit
soror Schwester
excepte mit Ausnahme von
  exception Ausnahme
filio Sohn
  filia Tochter
  filial Tochter-, Sohn-
  interprisa filial Tochterunternehmen
bastante ganz, genug
  bastar ausreichen, genügen
maritar se sich verheiraten
  maritage Eheschließung
  marito Ehemann
  marita Ehefrau
fratre affin Schwager
  soror affin Schwägerin
  affin verwandt
  affinitate Verwandtschaft
(ap)parer sich zeigen, auftreten
expectar erwarten
  in|expectate unerwartet
foco Feuer
  focar Herd, Heim
reproch|e [-sch-] Vorwurf, Tadel
  reproch|ar vorwerfen, tadeln
annunciar ankündigen
in avantia im Voraus
haberea potite würde gekonnt haben
cocer kochen, backen
  cocina Küche
(a) te dir
platto Platte, Gericht
favorir bevorzugen, gern haben
  favorite bevorzugt
rege König
  regina Königin
domo Haus
adder hinzufügen
joc|o Scherz, Ulk
  joc|ar scherzen, spielen
sufflo Flüstern, Atem
  sufflar flüstern, pusten
theatral theatralisch, Theater-
comparar vergleichen
le mangiar das Essen

———

distantia Abstand, Entfernung
natal Geburts-, Heimat-
  Natal Weihnachten
quante wie viel
persona Person
il ha es gibt

EXPLICATIONES

41 **-al** ist die gebräuchlichste Endung im internationalen Wortschatz, womit man ein Adjektiv von einem Substantiv ableitet. An ein Substantiv angefügt bedeutet *-al* etwas, das bezeichnend ist für das betreffende Substantiv, das zugehörig zum Substantiv ist. Beispiele:

cultura	**cultur|al**
nation	**nation|al**
loco Ort, Platz, Stelle	**loc|al** an einen bestimmten Platz gehörend
tempore Zeit	**tempor|al** Zeit-, zeitlich
lege Gesetz	**leg|al** gesetzlich

Endet ein Substantiv auf einen Vokal, fällt dieser vor **-al** aus. Zuweilen lautet die Endung auch **-ial**.

Nach Wortstämmen, die ein **-l** enthalten, ist **-ar** die übliche Form. Vergleichen Sie:

famili|ar – familiär. Hier ist man so wie innerhalb der Familie;
famili|al dagegen ist etwas, was zur Familie gehört.
regula Regel – **regul|ar** regelmäßig, regelgebunden

-ari ist eine andere Variante (vgl. engl. *-ary* und frz. *-aire*, span./it. *-ario*). Dieses Suffix ist nicht sehr produktiv, es werden folglich nur wenige Wörter damit gebildet, z.B. **revolution|ari**; **legend|ari**.

-in "... sich ableitend von ..." ist in der Sprache der Wissenschaftler aller Nationen sehr produktiv. Im täglichen Sprachgebrauch findet man Wörter wie z.B.:

femina – femin|in **mar** Meer – **mar|in**

-il ist wenig produktiv. Es kommt jedoch in Wörtern vor wie z.B. **vir|il** männlich; **puer|il, infant|il** kindisch; **civ|il** "wie ein Mitbürger", auch: höflich, nicht in Uniform, nicht uniformiert.

-ic findet sich meist in Wörtern griechischen Ursprungs wie z.B.:

geographia	**geograph|ic**
systema	**systemat|ic**
logica	**log|ic**
enthusiasmo	**enthusiast|ic**

-ose voll von, reich an:

dolor Schmerz	**dolor|ose** schmerzhaft
dubita Zweifel	**dubit|ose** dubiös, zweifelhaft
periculo Gefahr	**pericul|ose** gefahrvoll, gefährlich

Man wird jetzt fragen, ob es nicht beschwerlich sei, mit 6-7 verschiedenen Endungen, die sich zudem nur wenig in der Bedeutung unterscheiden, um ein Adjektiv aus einem Substantiv zu bilden. In der Praxis sieht es allerdings wesentlich einfacher aus, weil man ja so gut wie immer die Wörter in der gegebenen Form in den Texten durchliest, bevor man selbst beginnt, neue Wörter zu bilden. Hat man beispielsweise das Wort **viril** und das Wort **feminin** in Interlingua oder vermutlich sogar in seiner Muttersprache oder in einer anderen Sprache gehört oder gelesen, ist es wohl kaum denkbar, dass man **viral** und **feminal** sagt und schreibt. Aber selbst wenn einem das passieren sollte, würde man von jemandem, der Interlingua beherrscht, nicht missverstanden werden, auch nicht von jemandem der seine Kenntnisse vom internationalen Wortschatz durch Studium vom Latein, einer der romanischen Sprachen oder dem Englischen erworben hat. Wir sollten uns in diesem Zusammenhang daran erinnern, dass die romanischen Sprachen von mehr als 600 Millionen Menschen und Englisch von mehr als 300 Millionen als *Muttersprache* gesprochen werden. Die Ursache dafür, dass Interlingua alle diese verschiedenen Formen anwendet, liegt darin begründet, dass *diese Sprache ganz einfach die Registrierung des allen Sprachen gemeinsamen internationalen Wortschatzes ist, so wie er in der Realität tatsächlich existiert.* Die Gedächtnisbelastung von Leuten, deren Muttersprache wenig Kontakt mit dem Latein hatte, wird reichlich kompensiert durch die "Nebenprodukte" des Interlingua-Studiums: – einen umfangreichen Wortschatz als "Startkapital" für Literaturstudien in den europäischen Sprachen.

Versuchen Sie nun selbst aus folgenden Substantiven Adjektive zu bilden! Wörter griechischen Ursprungs erkennt man leicht an den Doppelkonsonanten *ph*, *th*, *rh* und an dem *y*.

EXERCITIO

1. region	4. natura	7. cyclo
2. addition	5. mundo	8. mercante
3. vita	6. te<u>le</u>phono	9. fragmento (Bruchstück)

Lection 17

LISTA DE VOCABULOS

granpatre Großvater
prender nehmen, mitnehmen
campania Land; Feldzug
  campo Feld
posseder besitzen
ferma Bauernhof
san frisch, gesund
  malade krank
malgrado trotz
etate Alter
village Dorf
terra Erde
soler zu tun pflegen
pro|vocar hervorrufen, provozieren
nepote Neffe
  granfilio Enkelsohn
in|ducer einleiten
discuter diskutieren
  discussion Diskussion
a vices zuweilen
puncto de vista Gesichtspunkt, Standpunkt
generation Geschlechterfolge, Generation
man|tener behaupten, beharren, auf seiner Meinung bestehen
opinion Meinung, Ansicht
  opinar meinen, dafür halten
plen voll
humano Mensch
  human menschlich
tanto ... como ebenso ... wie
com|patriotas Landsleute
  patria Vaterland (Ubi bene, ibi patria = Wo es mir gut geht, ist mein Vaterland! Lateinisches Sprichwort)
amar se ben einander sehr gern haben
corde Herz
  cordial herzlich
benvenite willkommen
oculo Auge
seriose ernst, ernsthaft
parer scheinen
naturalmente natürlicherweise
fede hässlich
rider lachen
  riso Lachen
explicar erklären
la ha date hat ihr gegeben
  io le da ich gebe ihm
nota Zeugnis
approbation Anerkennung
lo mesme dasselbe
universo Weltall

———

verbo Verb
texto Text
exemplo Beispiel
geo|graph|ic geografisch
usque nunc bis jetzt
viro Mann

EXPLICATIONES

42 **-ion, -ura, -or, -ori, -ive**
Mit diesen Suffixen kann man aus Verben Substantive und Adjektive bilden. Dabei erfolgt folgende Umbildung:

Bei Verben auf **-ar** immer	**-at-**,	z.B. *crear*, *cre-at-ion*
Bei Verben auf **-ir** immer	**-it-**,	z.B. *polir*, *pol-it-ura*
Bei Verben auf **-er** oft	**-it-**,	z.B. *adder*, *add-it-ion*
Bei Verben auf **-er** oft	**-t-**,	z.B. *scriber*, *scrip-t-or*
Bei Verben auf **-er** oft	**-s-**,	z.B. *exploder*, *explo-s-ive*

Für die praktische Anwendung der Interlingua brauchen Sie eigentlich nicht mehr zu wissen, als dass die ersten drei Fälle die Regel sind, um den **Ableitungsstamm** zu erhalten und dass Sie in allen übrigen Fällen den (oftmals veränderten) Stamm neben dem Präsensstamm in den Wörterbüchern verzeichnet finden. (Sollten Ihnen ausführlichere theoretische Erörterungen nicht so liegen, können Sie den nun folgenden kleingedruckten Text einfach auslassen).

Wer jedoch gerne eine Antwort auf die faszinierende Frage "Warum?" haben möchte, muss schon auf das klassische Latein zurückgreifen! In dieser Sprache wird die dritte Verbalform, das **Supinum**, als Ableitungsstamm benutzt. Das lateinische Verb wird entweder unregelmäßig gebildet oder die Bildung erfolgt nach einer der vier regelmäßigen Konjugationen in der Reihenfolge:

	1. Pers. Sing. Präsens	1. Pers. Sing. Perfekt	Supinum	Infinitiv	(Interlingua:)
I.	voc-o	voc-a-v-i	**voc-at**-um	voc-a-re	(vocar)
II.	mon-e-o	mon-u-i	**mon-it**-um	mone-re	(admoner)
III.	reg-o	rex-i (reg-s-i)	**rec-t**-um	reg-er-e	(reger)
IV.	aud-i-o	aud-i-v-i	**aud-it**-um	aud-i-re	(audir)

In Interlingua sind also die II. und die III. Konjugationen zu einer Gruppe der Verben auf *-er* zusammengezogen. Eine weitere Vereinfachung besteht darin, dass alle Verben nach *einem* Muster gebeugt werden, woraus freilich resultiert, dass zuweilen ein Ableitungsstamm außer der Reihe gelernt werden muss. In den meisten europäischen Sprachen finden sich ähnliche Ableitungen, z.B. **discuter**/**discuss-** = **discussion**. Sehr häufig erklärt sich die Veränderung zwischen Präsens- und Ableitungsstamm als Assimilation des Schlusskonsonanten der Präsensform. Diese Assimilation kann sein a) "assimilation partial", z.B. **scrib-** wird zu **scrip-**, da das stimmhafte *b* sich dem folgenden stimmlosen *t* angleicht, und b) "assimilation total" wie z.B. **vid-er**: (**vid-s-ion** = **vision**).

-ion bezeichnet die "Handlung zu ...-en" oder das Resultat einer Handlung, z.B.:

voc|ar – voc|at|ion   **defin|ir – defin|i|t|ion**
distribu|er – distribu|t|ion

Für den praktischen Gebrauch sei darauf hingewiesen, dass das Suffix **-ation** von Verbstämmen auf **-ar** gebildet wird und **-ition** von Verbstämmen auf **-ir**.

-ura "Resultat der Handlung, zu ... -en", "konkretisierte Handlung", z.B.:

pi|n|g|er malen — **pic|t|ura** Gemälde

(Das **-n-** ist ein Infix im Stamm **pig-**; vgl. dazu: **fingieren** – Fiktion, fiktiv.)

sign|ar signieren — **sign|a|t|ura** Unterschrift

-or "Person, Apparat oder Maschine, die bzw. der ... -t", z.B.

cre|ar schaffen — **cre|a|t|or** Schöpfer

intro|duc|er einführen — **intro|duc|t|or** Einführer

tele|vid|er fernsehen — **tele|vi|s|or** Fernsehapparat

-ori entspricht "-orisch", Adjektiv, z.B. **pro|vi|s|ori**. Ist nicht häufig.

-ive als Adjektiv, "das -end wirkt" (wie in "bestätigend"). Beispiele:

affirm|ar (*ad+firm-*) bekräftigen — **affirm|at|ive** bekräftigend

defend|er verteidigen — **defen|s|ive** Verteidigungs-

ag|gred|er angreifen — **ag|gres|s|ive** aggressiv, angriffslustig

Lection 18

LISTA DE VOCABULOS

magazin Warenhaus, Magazin, Geschäft
telephono Telefon
telephonar telefonieren, anrufen
vocar rufen
comprar kaufen, einkaufen
compania Gesellschaft
tener compania a un persona jemandem Gesellschaft leisten
como als
port|at|or Träger
ipse, mesme selbst
tu ipse du selbst
sempre immer, stets
"Sempre preparate" "Immer bereit!" Antwort des Pfadfinders auf die Aufforderung
"Sia preparate!" Sei bereit!
fornir versehen (mit)
merc|e Ware
merc|ato Markt
merc|ato nigre Schwarzmarkt
merc|ante Kaufmann, Händler
merc|antil Handels-

a bon mercato (preis)günstig
precio Preis
a precio alte hochpreisig, teuer
de|parti|mento Abteilung
vend|er verkaufen
vend|it|or Verkäufer
vend|it|rice Verkäuferin
vestimento Kleidungsstück
cappello Hut
scarpa Schuh
calcea langer Strumpf
calcetta Socke
camisa Hemd
roba Kleid, Tracht
guarda|roba Kleiderschrank, Garderobe
guarda|costas Küstenwache
tabula a vender Ladentisch
sur|riso (von sub|riso) Lächeln
sur|rider lächeln
affabile freundlich
desir|ar wünschen
desir|o Wunsch
par Paar
guanto Handschuh
pre|ferer vorziehen
non ... ulle = nulle kein/e,-er,-es
monstrar zeigen
signo Zeichen
im|patient|ia Ungeduld
extra|ordin|ari ungewöhnlich
fin|al|mente schließlich
final final, end-
con|venir passen, zusammentreten, übereinkommen
boteca Laden, Geschäft
special|is|ar spezialisieren, sich spezialisieren
specialisate spezialisiert, Spezial-
con|clud|er daraus schließen
con|clus|ion Schlussfolgerung
alimento Lebensmittel
plenar füllen
corbe Korb
pan Brot
butyro Butter
caseo Käse
salsicia Wurst
cassa Kasse
ex|ito Ausgang
ex|ir hinausgehen
cassera Kassiererin
facer le conto zusammenrechnen
pagar bezahlen
nota de banca Banknote, Geldschein
corona Krone
cambiar umwechseln, einwechseln
retornar rückkehren, zurücksenden, hier: zurückgeben, Geld herausgeben (beim Bezahlen)
tornar drehen, umwenden
resto Rest
moneta Münze
minor kleiner
argento Silber
cupro Kupfer

---

derivar ableiten; gewinnen
appellar se sich nennen, heißen
quanto wie viel

EXPLICATIONES

Kommentar zu einigen Wörtern in Lektion 18:

Affabile ist aus **ad** (zu) + **fari** (*fa* = reden) + **bil** (-bar) + **is** entstanden. Die ursprüngliche Bedeutung des lateinischen Wortes ist also "ansprechbar", d.h. ein Mensch, der so freundlich ist, dass man ihn ansprechen kann. Der Stamm **fa** ist auch in dem Wort **in|fa|nte** = nicht-sprechendes, d.h. ein Kind, vorhanden. Und das lateinische Wort "fabulare" wurde im Spanischen zu "hablar". Sollten Sie später einmal, nachdem Sie Interlingua studiert haben, Spanisch lernen wollen, ist es von Vorteil, wenn Sie sich daran erinnern, dass der Anfangsbuchstabe *f* in Interlingua oft zu *h* im Spanischen wird, z.B. *hierro* heißt in Interlingua **ferro** (Eisen).

A precio alte kann auch mit **car** (teuer) ausgedrückt werden, und billig kann man mit **a bon mercato** wiedergeben oder auch **vil**.

Guarda-roba, guarda-costas (Küstenwache). Diese Wörter bestehen aus einem Verb und einem Substantiv und entsprechen einem zusammengesetzten Substantiv.

43 **extra-** draußen, vor / **extro-** nach außen, hinaus. Beispiele:

extra|mur|al außerhalb der Mauern, der Schule, der Universität, z.B. bei Unterricht außerhalb der gewöhnlichen Unterrichtsgebäuden
graviditate extra-uterin Schwangerschaft außerhalb der Gebärmutter
extro-vertite nach außen gerichtet

Der Gegensatz dazu heißt **intra-** innerhalb, drinnen, bzw. **intro-** nach innen, hinein. Beispiele:

intravenose intravenös, in der bzw. in die Vene
introversion Introversion
introduction Einführung, Einleitung

Lection 19

LISTA DE VOCABULOS

curiose neugierig; interessant, merkwürdig
congresso Kongress, Konferenz
in retardo verspätet
taxi Taxi
station central Hauptbahnhof
platteforma Bahnsteig
currer laufen
curr|ero Läufer, Kurier
curr|ente laufend
succe|d|er Erfolg haben
succe|ss|o Erfolg
attinger erreichen
parti|r abgehen, abfahren

parti|ta Abgang, Abfahrt
compartimento Abteil
fuma|r rauchen
fuma|t|or Raucher
fumo Qualm, Rauch
sede Sitzplatz
indicar zeigen, hinweisen
si il vos place bitte; eigentlich: Wenn es Ihnen gefällt
con-viagiat|or Mitreisender
con-viagiat|rice Mitreisende
parve klein
etate Alter
op|pos|ite gegenüber
op|poner gegenüberstellen, gegenübersetzen (**ob** + **poner** wird zu **opponer**, hat im Lateinischen den Supin-Stamm **-pos-it-**)
dulce süß, lieblich
capillos Haar (im Allgemeinen)
capillo Haar (einzeln)
blonde blond
azur himmelblau
vive lebhaft
ambiente Umgebung
centro Mittelpunkt, Zentrum
concentration Konzentration
ex|plo|d|er explodieren, ausbrechen
explo|s|ion Explosion
polite höflich, artig
a ubi? wohin?
billet Fahrkarte
as|secur|ar versichern
que si "dass ja" (ob er sie hat)
exacte exakt, genau
patiente geduldig
saper wissen
forsan vielleicht
appellar se sich nennen, heißen
regretta|bile|mente bedauerlicherweise, leider
regretta|r bedauern
non importa das macht nichts
evita|r vermeiden
in|evita|bile unvermeidbar
pausa Pause
non ... plus nicht ...mehr

EXPLICATIONES

44 **ad-** = "zu, bei" ist das Präfix z.B. im dem Wort **as|secur|ar** versichern. Das *d* in *ad-* wird als *s* an **securar** angeglichen. (Jemand dazu bringen, dass er sich sicher fühlt).

Hier einige andere Wörter mit **ad-**, das oft hinter der Assimilation verborgen ist: **accompaniar**, **accordo**, **adder**, **adjectivo**, **admirar**, **annunciar**, **apportar**. Achten Sie auf weitere Beispiele!

45 **Hugo la assecura que si.** Hugo versichert ihr, dass er hat. **Illa credeva que no.** Sie glaubte, dass er nicht. – **Que si** und **que no** bedeutet "dass ja" bzw. "dass nein".

46 **Patiente- ma inexactemente**. Um Monotonie zu vermeiden setzt man die Adverbial-Endung **-mente** wie etwa im Spanischen lediglich an das letzte Adverb.

47 **Hugo non sape que responder**. Hugo weiß nicht, was er antworten soll.
Illa sape como evitar pausas. Sie weiß, wie man Pausen vermeidet.

Mit dem Fragewort + Infinitiv wird man leicht und elegant mit den sogenannten indirekten Fragensätzen fertig.

EXERCITIO

Übersetzen Sie:

1. Wie viele Mädchen sahen Sie in dem Abteil?
2. Sie fragten, wie viel sie bezahlen sollten.
3. Wann beginnt der Kongress?
4. Wer ist die Mutter des Mädchens?
5. Wo ist deine Frau?
6. Wen kennen Sie?
7. Wer kennt Sie?
8. Was fand er?
9. Welche Bücher haben Sie gelesen?
10. Was für Blumen kauften Sie?

Man beachte, dass *wen* und *wer* in den Fragen 6 und 7 in beiden Fällen mit **qui** trotz verschiedener Bedeutung zu übersetzen ist. Im Unterschied dazu steht das Relativpronomen, das bei Personen mit **qui** im Nominativ, mit **que** im Akkusativ, bei Dingen aber immer mit **que** zu übersetzen ist. Siehe par. 26!

Lection 20

LISTA DE VOCABULOS

hotel Hotel
restaurante Restaurant
porto Hafen;
vgl. **porta** Tür
frequentar gern besuchen
reservar reservieren
lecto Bett
clave Schlüssel
reimpler ausfüllen
formulario Formular,
auch Formelsammlung
mitter setzen, stellen, legen
signatura Namensunterschrift
registro Register, Fremdenbuch

camer|ero Zimmerkellner
camer|era Zimmermädchen
adjutar helfen
bagage Gepäck
medie hora Halbestunde
diriger se sich begeben
diriger richten nach
direction Richtung
servitor Kellner, Ober
servir dienen, bedienen
menu Speisekarte, Speisenfolge
carta de mangiar Karte, Speisezettel
plure mehrere
pisce Fisch
carne Fleisch
patata Kartoffel
frir braten
cocer kochen, backen
verdura Grünzeug, Gemüse
commandar, **ordinar** bestellen
suppa Suppe
nam denn
esser pressate es eilig haben
biber trinken
bibita Getränk
biberage Getränk
aqua mineral Mineralwasser
succo de fructo Juice, Fruchtsaft
succulente saftig
vino Wein
lacte Milch
tassa Tasse
caffe Kaffee
crema Sahne
poner setzen, stellen, legen
platto hier: Platte für Speisen; Speise, Gericht
vitro Glas
cultello Messer
furchetta Tischgabel
coclear Löffel
tosto bald
intra innerhalb, inwendig
dinar Mahlzeit einnehmen
lunch Mittagessen
cena Abendessen

EXPLICATIONES

48 **-ario** bezeichnet

1. eine (wissenschaftliche) Sammlung, z.B.:

herba Gras	**herb|ario** Herbarium
vocabulo Vokabel	**vocabul|ario** Vokabularium
aqua Wasser	**aqu|ario** Aquarium

2. eine Person mit Amt, z.B.:
bibliothec|ario Bibliothekar
pension|ario Pensionär
mission|ario Missionar

Lection 21

LISTA DE VOCABULOS

orator Redner
public öffentlich
excellente außerordentlich
radio Radio
report|o Rapport
  report|ar berichten
cruel grausam
  cruel|itate Grausamkeit
guerra Krieg
victima Opfer
mor|ir sterben
  mor|i|ente sterbend
  mor|t|e = **mor|i|te** tot = gestorben
  mor|t|al tödlich
  mor|t|e Tod
o ... o entweder ... oder
vulner|e Wunde
  vulner|ar verwunden
subito plötzlich
mancar fehlen, mangeln
  le manca es fehlt ihm
  mancar a alcuno jemandem fehlen
appetito Appetit
as|soci|a|t|ion Vereinigung, Gesellschaft
re betreffs
super-population Überbevölkerung
problema Problem
aliment|ari Lebensmittel-, Nahrungsmittel-
tim|er (be)fürchten
  tim|ide ängstlich, schüchtern
appoio Stütze
ascender hinauf/gehen, -steigen (eine Treppe)
  descender hinab/gehen, -steigen
tribuna Tribüne, Rednerpodest
nerv|ose nervös, siehe par. 41!
geniculo Knie
tremular zittern
mesmo selbst, sogar
sentir fühlen
sudor Schweiß
fronte Stirn
gena Wange
pall|ide bleich
labio Lippe; vgl. *labial*
sic trocken
  hum|ide feucht
bucca Mund
lingua Zunge; Sprache
rig|ide steif, starr
pecia Stück, (frz. *pièce*)
ligno Holz
poss|ibile möglich
  im|poss|ibile unmöglich
tote le mundo alle Welt; Hier: alle
ultime letzte
grado Schritt, Grad, Stufe
scala Skala, Treppe
cad|er fallen
  ca|s|o Fall
  ca|d|ita Sturz
corde Herz
batter schlagen
col|lapso Zusammenbruch
causa Grund
  a causa de auf Grund von
tim|or Furcht, Angst
  timer fürchten
  timor del scena Lampenfieber, Rampenfieber
scena Szene (Bühne)

———

perder verlieren
publico Publikum

EXPLICATIONES

49 **-itate** (deutsch *-heit*, *-schaft*) bezeichnet einen Zustand oder eine Eigenschaft, bildet abstrakte Substantive aus einem Adjektiv und ist zusammen mit **-essa** wohl das am meisten angewendete Suffix dieser Bedeutung. Wenig gebräuchlich aber mit gleicher Bedeutung ist die Endung **-itude** (siehe Lektion 22!). Eine vierte Endung dieser Art ist **-ia**. Sie kommt am häufigsten nach der Endung des Präsens-Partizips **-nt-** vor. Beispiele:

primitiv|itate, **probabil|itate** Wahrscheinlichkeit
rich|essa (von **ric**) Reichtum; **trist|essa** Traurigkeit
exact|itude, **long|itude** (davon mit der Adjektivendung **-al** abgeleitet: **long|itudin|al**)
tolerant|ia Toleranz, Verträglichkeit; **present|ia** Gegenwart, Anwesenheit; **important|ia** Wichtigkeit, Bedeutung

Im Englischen und Französischen sind die Endsilben **-antia** und **-entia** zu *-ance* bzw. *-ence* geworden.

50

tim|er fürchten, ängstlich sein	**rig|er** steif werden
tim|ide furchtsam, schüchtern	**rig|ide** steif, starr
tim|or Furcht	**rig|or** Starre, Steifheit
	rig|or del morte Totenstarre
cal|er warm werden	**frig|er** kalt sein, frieren
cal|ide warm	**frig|ide** kalt
cal|or Wärme	**frig|or** Kälte

Diese Beispiele zeigen den Aufbau einiger gebräuchlicher Wörter. Von den Verben auf **-er** bildet man das Adjektiv auf **-ide** und das zugehörige abstrakte Substantiv mit **-or**. Das Suffix **-ide** gehört kaum zu den produktiven, es hilft Ihnen aber, das Wortbildungsmuster in vielen internationalen Wörtern zu erkennen. Zu den Adjektiven auf **-ide** bildet man auch neue Substantive wie z.B. **timiditate** (Ängstlichkeit), **rigiditate** (Steifheit), **frigiditate** (Kälte).

51 **/Io spera o desira/ que vos le da nunc vostre appoio!** Wünsche werden in vielen Sprachen mit dem Konjunktiv ausgedrückt. In Interlingua begnügt man sich damit, dass man die Konjunktion **que** vorsetzt, was sonst bei vollständiger Ausdrucksweise ein Nebensatz würde.

Wie im Englischen hat man eine besondere Konjunktivform vom Hilfsverb **esser** (sein), nämlich **sia**, z.B.:

Sia benvenite! Seien Sie willkommen!

Le juvene maritos sia felice! Möge das junge Paar glücklich sein!

Lection 22

LISTA DE VOCABULOS

grat|e dankbar
  grat|itude Dankbarkeit
  grat|ias danke
  re|grat|iar danken
ego Ich (in Philosophie und Psychologie)
embryon Embryo, der erste Anfang zu etwas, Saatkorn
sobrie nüchtern
caso Fall
panico Panik
calma Ruhe
  calmar beruhigen
stupide dumm
asino Esel
nunquam niemals
al minus wenigstens
garrular schwatzen
solemne feierlich
quasi fest, beinahe
offen|d|er beleidigen, verletzen
  offen|s|a Beleidigung, Schimpf
at|trah|er anziehen
  at|trac|t|ion Anziehungskraft
  at|trac|t|ive anziehend
ordine Ordnung
  dis|ordine Unordnung
perfecte vollkommen
valvula Herzklappe, Ventil
camera hier: Herzkammer
vena Vene

EXERCITIO

Übersetzen Sie in Interlingua:

1. Bitte bringen Sie uns Fisch, Kartoffeln, zwei Glas Milch für die Kinder und zwei Glas Fruchtsaft (Juice) für meine Frau und mich.
2. Alle Kriege sind grausam.
3. "Es ist schwierig, einen Vortrag zu beginnen" dachte Hugo.
4. Sein Herz klopfte, und er fühlte sich nicht sehr froh.
5. Der junge Arzt benahm sich nicht wie ein Held.
   (bringen = **apportar**; Frau = **marita**; sich fühlen = **sentir se**; sich benehmen = **comportar se**)

Lection 23

LISTA DE VOCABULOS

detra hinter
cathedra Lehrstuhl, Rednerpult
pro|duc|er hervorbringen
  pro|duc|t|ion Produktion
  pro|duc|to Produkt
audi|t|orio Zuhörerschaft, Hörsaal
ef|fec|to Wirkung
devenir werden
silente still, schweigsam
de novo nochmals, von vorn
in|catenar in Ketten legen
  catena Kette
  reaction in catena Kettenreaktion
  incatenar su lingua seinen Mund halten
dominar beherrschen
trans quer über, durch
antique antik, sehr alt
  antiquate veraltet, altmodisch
ancian alt
Egypto Ägypten
  egypt|iano Ägypter
son|o Laut
  son|ar tönen
  sonar un instrumento ein Musikinstrument spielen
heri, hodie, deman gestern, heute, morgen
le mesme derselbe, dasselbe
remaner verbleiben
dis|cu|t|er diskutieren
  in|dis|cu|t|ibile indiskutabel
  dis|cu|ss|ion Diskussion
vita Leben
  vit|al lebenswichtig, lebenskräftig
quoti|di|an täglich
region Gegend
prospere erfolgreich, blühend
  prosperitate Wohl
felice glücklich
habitar bewohnen
tanto so
alterubi wo anders, anderswo
ganiar gewinnen
victoria Sieg
  vic|t|or Sieger
  vinc|er siegen; das eingeschobene -n- nennt man Infix
dis|coperir entdecken, gewahr werden
  coper|ir bedecken
sala Saal
rango de bancos Bankreihe
intention Absicht
expression Ausdruck

EXPLICATIONES

52 **-an** (Adj.), **-ano** (Subst.) bezeichnen die Einwohner eines Landes oder auch Anhänger einer Bewegung, z.B.:

Africa – africano, Italia – italiano Italien, Italiener, auch die italienische Sprache, **un italiana** eine Italienerin; **Luther – lutherano**.

Adjektive: **african, italian, lutheran**.

Für Landessprache und als Adjektiv wendet man auch **-ese** an: Beispiel:

Francia, Svedia – un francese parla francese, un svedese parla svedese.

Lection 24

LISTA DE VOCABULOS

pro|mitter versprechen
pro|missa Versprechen, Gelöbnis
present|ia Anwesenheit
present|e anwesend
vive lebhaft
viv|i|fic|a|nte lebensspendend; belebend; **-fic-**: Stamm mit Vokalverwandtschaft zu **fac-**
cal|or Wärme
cal|ide warm
sub|levar se erhöhen
interior innerlich
maestro Meister
manu|scripto Manuskript; eigentlich: Handgeschriebenes
toccar anrühren, berühren
bassar senken
instrumento Instrument
music|a Musik
music|al musikalisch
music|o Musiker
sentimento Gefühl, Empfindung
argumento Grund, Begründung
critic|a Kritik
critic|o Kritiker
cri|se Krise
cri|t|ic krisenartig, kritisch
col|lega Kollege, Amtsbruder
de|rider lächerlich machen, auslachen
exister vorhanden sein
e|vide|nte augenscheinlich, klar
publico Publikum, Öffentlichkeit
tornar wenden, drehen
favor Gunst
tornar se in favor de sich einstellen zu Gunsten von
captivar einfangen
ard|er glühen, heiß werden
ard|or Glut, Hitze
brillar glänzen, strahlen
brillante glänzend
frappar klopfen, schlagen
fulmine Blitz
durante que während, unterdessen
singule einzeln, einzig
maternal, **materne** Mutter-, mütterlich
a pena kaum, "mit Mühe"
marcar markieren, anzeigen
remarc|abile bemerkenswert
appellar (an)rufen, nennen
appellar se heißen
appello Appell, Aufruf
acceptar annehmen
applauso Applaus, Beifall
sympathia Sympathie
applauder applaudieren
enthusi|astic enthusiastisch, begeistert

EXPLICATIONES

53 **-i-fic-ar** "machen, so dass etwas ... wird". Beispiele:

petra Stein	**petr|i|fic|ar** versteinern
pur rein	**purificar** reinigen, säubern, vgl. Purist, Puritaner

Die Wortsilbe **-fic-** ist dasselbe wie **fac-**, nur eine Vokalabschwächung, die sich häufig im Lateinischen findet. Das zu wissen kann recht nützlich sein. Abgesehen von Spezialfällen wird aus

a und **e**: **i** in Silben, die auf Vokal enden (offene Silbe)
a: **u** in Silben, die auf Vokal enden (offene Silbe)
a: **e** in Silben, die auf Konsonant enden (geschlossene Silbe)

Beispiele:
amico Freund, **inimico** Feind (**in-amico** – **i-ni-mi-co**)
leger lesen, pflücken, **colliger** zusammenlesen, sammeln (**con-leg-er** – **col-li-ger**)
clauder schließen, **excluder** ausschließen (**ex-claud-er** – **ex-clu-der**)
facer machen, **effecto** Wirkung (**ex-fac-to** – **ef-fec-to**)

Es sei darauf hingewiesen, dass in Interlingua neue Wortbildungen nicht nach diesem komplizierten Muster vorgenommen werden. Wir bringen diesen Abstecher nur als einen kleinen Hinweis, um Einsichten in die historische Entstehung der lateinischen Sprache zu gewinnen.

-is-ar hat ungefähr dieselbe Bedeutung wie **-fic-ar**: Beispiel:
neutralisar = neutralisieren, neutral machen.

54 **-is|ta** =
1) "Anhänger von der Lehre oder Praxis von ..." Die Lehre selbst ist mit **-is|mo** bezeichnet. Z.B.:

Buddha Buddha **buddh|is|ta** Buddhist **buddh|is|mo** Buddhismus
social sozial **social|is|ta** Sozialist **social|is|mo** Sozialismus

2) "einer, der die Kunst, Wissenschaft oder Verwendung von ... praktiziert.":

arte Kunst **art|is|ta** Künstler
piano Klavier/Piano **pian|is|ta** Pianist
m<u>a</u>china Maschine **machin|is|ta** Maschinist
tel<u>e</u>grapho Telegraph **telegraph|is|ta** Telegraphist

Wörter auf **-ista** können auch als Adjektive angewendet werden, z.B.
un partito socialista eine sozialistische Partei.

55 **-a-mento** (nach Verben auf **-ar**) und **-i-mento** (nach Verben auf **-er** und **-ir**) = "eine Handlung, die ..." oder "das Resultat dieser Handlung". Beispiele:

arrangiar arrangieren **arrangiamento** Arrangement
consentir einwilligen **consentimento** Einwilligung
fra-n-g-er brechen **fragmento** Bruchstück

56 Als die IALA Interlingua entwickelte, stellte sich heraus, dass eine Anzahl grammatikalischer "kleiner Ausdrücke" keine ausreichend ähnliche Entsprechung in mindestens drei der Grundsprachen aufwies (z.B. "but / ma / pero / mais / aber"), um eine Synthese als Interlingua-Entsprechung zu bilden. Die Entwickler wurden mit der Entscheidung konfrontiert, entweder ein rein lateinisches Wort zu verwenden, oder einen geeigneten Ausdruck, der von weniger als den vorgeschriebenen drei Grundsprachen unterstützt wurde. Im Allgemeinen entschied man sich für den lateinischen Ausdruck (als Spiegel der weit verbreiteten Anwendung des Lateins in der damaligen Zeit), aber die moderne Entwicklung verlangte mehr und mehr nach Alternativen auf der Basis lebender Sprachen. So kam es, dass das Wort **sed** für "aber" weitestgehend durch das italienische "**ma**" ersetzt wurde, das der gebildeten Allgemeinheit durch den musikalischen Ausdruck "allegro ma non troppo" bekannt ist.

Die IALA hätte aus zwei unterschiedlichen Kategorien auswählen sollen, tat es jedoch bedauerlicherweise nicht. Dr. Alexander Gode selbst benutzte ausschließlich lateinische Lösungen. Der Autor dieses Buches, der Interlingua aktiv seit seinen frühen Fünfzigern angewendet hat, ist der Ansicht, dass es gute Gründe für den Erhalt einiger rein lateinischer Ausdrücke gibt und dieser Meinung scheint sich die Mehrheit der Anwender anzuschließen.

Hier sind einige Beispiele: **Hic** here, hier, här (skandinavisch), klingt wie seine germanischen Entsprechungen und erscheint in zahlreichen lateinischen Zitaten, welche in der Mehrzahl europäischer Lexika abgedruckt sind. Gleiches gilt für **nunc** now, nun, nu. Die Alternative **ora** weist eine störende Assoziation zu **oral**, **oration** auf, ohne die geringste Verbindung zu "Mund" oder einer "feierlichen Rede" (Oration) aufzuweisen. Auch der religiöse Ausdruck **Ora et labora!** (Bete und arbeite!) spricht gegen **ora**. **Anque** auch, basiert ebenfalls ausschließlich auf der Grundsprache Italienisch ("anche") und hat sich überraschenderweise zu dem meist benutzten Ersatz für Godes lateinisches **etiam** entwickelt. Beides sollte durch **tamben** ersetzt werden.

Anmerkung: Auf der Kurs-CD zu diesem Lehrgang werden die Wörter "sed" und "etiam" verwendet, wobei "ma" und "tamben" heute bevorzugt verwendet werden sollte.

Hier sind einige Varianten, die der Leser in anderen Texten oder im gesprochenen Interlingua finden könnte. Dieser Lehrgang, der inzwischen in 14 Sprachen publiziert wurde, bevorzugt und empfiehlt die erste der möglichen Alternativen.

alcun (**alicun**) etwas, einige
alcuno (**alicuno**) jemand
alora (**tunc**) dann
alque (**alique**, **alco**) etwas
durante /**que**/ (**dum**) während
es (**son**) ist (sind)
essera (**sera**) wird sein
esserea (**serea**) wäre
esseva (**era**) war
hic (**ci**) hier
ibi (**illac**, **la**) dort
ille (**celle**, **aquelle**) jene, -r, -s

jam (**ja**) schon
ma (**sed**, **mais**) aber
nunc (**ora**) jetzt
nunquam (**non ... jammais**) niemals
poc (**pauc**) wenige
poco (**pauco**) etwas, wenig
sempre (**semper**) immer
su/pe/r (**super**) auf
unquam (**jammais**) jemals

Lection 25

LISTA DE VOCABULOS

nive Schnee
autumno Herbst
trans|ir übergehen
trans- *(Präfix)* auf der oder über die andere Seite, z.B.
trans|oceanic auf der anderen Seite des Ozeans, transozeanisch
hiberno Winter
hibernar überwintern
arbore Baum
nude nackt, bloß, kahl
depost nachher, sodann
depost longe tempore lange danach
dis|foliar entblättern
dis- *(Präfix)* 1. wegnehmen, 2. Gegensatz zu
tarde spät
ecclesia Kirche
pro|menar se promenieren, eigentlich "sich vor-führen"
promen|ada Spaziergang
a transverso de quer hindurch
aere Luft
fresc frisch
re|fresc|ar se sich erfrischen
tote ganz, unversehrt
celo Himmel
obscur dunkel
ni ... ni weder ... noch
stella Stern
parer (er)scheinen
triste traurig
gris grau
pluv|er regnen
pluv|ia Regen
pluv|i|ose regnerisch
frig|or Kühle, Kälte
frig|ide kalt, kühl
illo me gusta das gefällt mir
gustar schmecken, genießen, behagen
con|sentir sein Einverständnis geben, zustimmen
na|sc|er geboren werden
na|t|ura Natur, ("alles, was geboren wurde")
na|t|ion Nation; (alle, die in einem Land geboren sind)
pre|ceder vorangehen
primavera Frühling
odor Duft
est|ate Sommer
est|ive Sommer-
sol Sonne
frequente oft vorkommend
pretender vorgeben
unda Welle, Woge
mar Meer
sal Salz
salin salzig

supportabile erträglich
replicar erwidern
molle weich
considerar bedenken, erwägen
al incontro de entgegen
tacer schweigen
tacente schweigend
arrestar aufhalten, stillstehen
facie Gesicht, Antlitz

in alto aufwärts, hoch
lente langsam
labio Lippe
sono labial Lippenlaut
tenere weich, zart, zärtlich
basi|o Kuss
basi|ar küssen
a|deo Ade, Adieu
(frz. *à Dieu* "zu Gott")

Lection 26-27

LISTA DE VOCABULOS

extracto Auszug
ex|traher (her)ausziehen
jornal Tageszeitung
jorno Tag
re|port|ar eine Reportage machen; eigentl. "zurücktragen"
re|port|ero Reporter
agent|ia Agentur
pressa Presse
recente kürzlich
conferentia Konferenz
educar erziehen; eigentl. **ex-ducar** herausführen
education Erziehung
cult|ura Kultur
delegar delegieren
delegato Delegierter
delegation Delegation
stato Staat, Zustand
membro Mitglied, Körperglied
ex|prim|er ausdrücken
ex|press|ion Ausdruck
satis|fac|tion Genugtuung
numer|ose zahlreich
in|numer|a|bile unzählig

initiativa Initiative, Anfang
dis|veloppa|mento Entwicklung
dis|veloppar entwickeln
servicio Dienst, Service
facilitar erleichtern
facile leicht (zu tun)
ex|cambio Austausch, Geldwechsel
debatto Debatte
causar verursachen
pro|posit|ion Vorschlag
an|alphabet|ismo Analphabetismus; die griech. Präfixen *a-* und *an-* = lat. *in-*, dt. *in-*, *un-*
unir se sich vereinigen
protesto Protest
contra gegen
contradicer widersprechen
retardamento Verzögerung
in retardo verspätet
plano Plan
per consequente in Konsequenz, als Folge
real|is|a|t|ion Verwirklichung (vom lat. *re|s* = Sache)
chef Chef, Leiter, Vorgesetzter

habil|itate Geschicklichkeit
habile fähig, geschickt
tempera|mento Temperament
projectar planen, projektieren
con|stru|ct|ion Konstruktion
con|stru|er konstruieren
schola Schule
usabile brauchbar
plus que mehr als
un tal ein(e) solch/er,-e,-s
region Gebiet
standard|is|ar etwas nach einer Norm machen, standardisieren
standardisation Standardisierung
diminuer vermindern
ducer a führen zu
econom|is|at|ion Haushalten, Sparen
mantener behaupten
porta-voce Sprachrohr (Siehe Lektion 18)
manco Mangel, Fehl
instru|er unterweisen, unterrichten
instruction Unterweisung, Instruktion
instruct|or Instrukteur, Unterrichtender, Lehrer
remediar abhelfen
e|miss|ion Aussendung
e|mitt|er aussenden
resolution Resolution, Entschließung
resolute entschlossen, resolut, bestimmt
radio Radio, Strahl, Radius
tele|vis|ion Fernsehen
ac|cept|ar annehmen
fin Schluss, Ende
al fin letztendlich, am Ende
session Sitzung (von **seder**)
recommendar empfehlen
prior|itate Vortrittsrecht
lucta Kampf (vgl. frz. *la lutte*)
manifestar Ausdruck geben
ac|t|ion Handlung
rational verständig, vernünftig, rationell
conforme a übereinstimmend mit
pre|side|nte Vorsitzender
assemblea Versammlung
general allgemein
consilio Rat, Beratung
possibile möglich
solu|t|ion Lösung (von **solver**)
communication Kommunikation, Verbindung
lingu|ist|ic sprachlich

---

radice Wurzel, Wortstamm
duple doppelt
deber müssen
morphema Morphem
crear schaffen
acto Tat, Handlung, Akt
capacitate Fähigkeit
secundo gemäß, laut
suffixo Suffix
re|leger nochmal lesen
ab von
in supra oben (Gegensatz: **in infra** unten)
signification Bedeutung
ex|ig|er fordern, verlangen (*-ig-* vokalverwandte Form von *-ag-*)

Lection 28

LISTA DE VOCABULOS

authentic authentisch, echt; direkt vom Original (zum Unterschied die erfundenen Auszüge in Lektion 26/27) (griechisches Wort)
scientia Wissenschaft
nova Nachricht, Neuigkeit
  novas Nachrichten
publicar publizieren, veröffentlichen
  publication Publikation, Veröffentlichung
re|cerca Forschung
  cercar suchen
  re- wieder, zurück-
cancer Krebs
sero Serum
anti- anti-, gegen-, wider-
Svedia Schweden
  svedese schwedisch, schwedische Sprache
capace fähig, befähigt zu
de|stru|er zerstören
cellula Zelle
  cellular zellulär
in vitro "im Glas": experimentell im Laboratorium (im Glasröhrchen)
normal normal
  norma Norm
mesme das-, der-, dieselbe
durante que während
cultura Kultur (hier: Gewebekultur im Laboratorium)
sanguine Blut
cavallo Pferd; vgl. Kavallerist
reciper erhalten, empfangen
  reception Empfang
in|jic|er einspritzen, injizieren
  in|jec|t|ion Injektion, Einspritzung (eigentl. Einwerfen)
  jectar werfen
miscer (**mixt-**) mischen
  mixtura Mischung
materia Materie, Stoff
derivar ableiten
zoologia Zoologie
tortuca Schildkröte
gigante Gigant, Riese
capitano Kapitän
  capite Kopf
capturar einfangen
rege König
insula Insel
viver leben
trovar se sich befinden
sanitate Gesundheit
geologia Geologie, Lehre von der Erde
  geo- *(gr.)* Erde
laco See
al interior de im Innern von;
  -ior ist eine lateinische Komparativ-Endung; Beispiele:
  exterior äußere
  superior obere, höher
  inferior untere, niedere
  ulterior weiter
  posterior später
Norvegia Norwegen
sal Salz
  sal|in salzhaltig
recentemente kürzlich
profundor Tiefe
  profunde tief *(Adj.)*
circa zirka, etwa
m = **metro** Meter
hydro|logia Wasserlehre
  hydro|logic hydrologisch
hypo|these Annahme, Voraussetzung

hypo- *(gr.)* = sub, unter
hyper- *(gr.)* = super, über
retro zurück
10 annos retro = **ante 10 annos** vor 10 Jahren
epocha Zeitabschnitt
glacie Eis
glacial eis-, Eis-
infra unter, unterhalb
super|ficie Oberfläche
oceano Ozean, Weltmeer
calcular berechnen
descender absteigen, sinken; hier: sich senken
depost gerechnet ab...
computator Datenmaschine, Computer
electronic elektronisch
relativitate Relativität
population Bevölkerung

———

littera Buchstabe
cifra Ziffer
pertiner a gehören zu
branca Ast, Zweig

Lection 29

LISTA DE VOCABULOS

archi- *(griech. Präfix)* erz-, führend;
tecton *(gr.)* Bauarbeiter
architecto Architekt; eigentl.: "erster Bauarbeiter"
architectura Architektur, Baukunst
russe russisch
russo Russe, russ. Sprache
Russia Russland
e|norme enorm, "über die Norm", von **ex** aus und **norma** (*ex-* wird zu *e-* vor stimmhaftem Konsonant)
pro für, zugunsten von
pro- (Präfix) vor-
pro|gresso Fortschritt
con|stru|er (-struct-) bauen
edi|fic|io Bauwerk (von lat. *aedes* Haus + *-fac-*)
a partes zu Teilen
pre- (Präfix) vor-, voraus
fabricar fabrizieren
pre|fabricar vorfabrizieren
fabrica Fabrik
etage [etadsche] Stockwerk
compler vollenden; das Basismorphem **ple-** findet sich z.B. in **plen** voll
obra Arbeit, Werk, Opus
obrero Arbeiter
movimento obrer Arbeiterbewegung
e|rig|er (-rect-) aufrichten
e|rect|e aufrecht, aufgerichtet
appartamento Mietwohnung, Hausteil
verso gegen
domicilio Wohn/sitz, -ort
urban städtisch, Stadt-
va usar wird benutzen
technica Technik
stato|unitese Vereinigte Staaten (USA)
dubitar zweifeln
nulle kein
base Basis, Grundlage
a base de auf Basis von,

auf der Grundlage von
comparation Vergleich
limite Grenze
limitar begrenzen
integremente vollständig
integre vollkommen, gänzlich
morbo Krankheit;
vgl. *morbid* = krankhaft, kränklich
cardiac Herz-
epidemiologic epidemisch
(von: griech. *epi-dem-ia-s*, *epi* = auf, über + *demos* Volk, also: Krankheit, die das ganze Volk ergreift)
Japon Japan
japonese japanisch
area Fläche, Gebiet
aqua molle weiches Wasser
aqua dur hartes Wasser
basse niedrig
alte hoch
contento Inhalt
mineral Mineral
cor|r|elation Korrelation, Wechselbeziehung
vaste ausgedehnt
morte Tod
citate (größere) Stadt
habitante Einwohner, Bewohner
phoca Seehund, Robbe
delphino Delphin
interindividual zwischen den Individuen
expressive de ausdrückend
sono Ton, Klang
dolor Schmerz
gaudio Freude
varie mannigfaltig
emotion Empfindung, Gefühl
trans|mitter übersenden
tele|phonic|a|mente telefonisch
il pare es scheint
comprender se sich verstehen
suc|ced|er (**-cess-**) Erfolg haben
suc|cesso Erfolg
kilometro Kilometer
conducer führen, leiten
frequentia Frequenz
cyclo Zyklus; Fahrrad

---

organo Organ
corpore Körper
notitia Notiz, Nachricht

Nicht alle Wörter der zwei letzten Lektionen gehören zu den 2.000 gebräuchlichsten, je nach Art der Texte. Der Autor ist jedoch der Ansicht, dass der Leser Nutzen daraus ziehen kann, wenn ihm Proben in Interlingua angeboten werden, die in Texten vorkommen, in denen Interlingua am meisten angewendet wird: In populärwissenschaftlicher, populärtechnischer und medizinischer Fachliteratur.

Lection 30

LISTA DE VOCABULOS

proverbio Sprichwort
non ancora noch nicht
com|pilar zusammensuchen (aus Werken anderer; *pilare (lat.)* plündern)
cata jede, -r *(Adj.)*
rana Frosch, Kröte
creder se an sich glauben, sich trauen
Diana Göttin der Jagd
del dic|t|o al fac|t|o zwischen Wort und Tat
trac|t|o Zug; frei übersetzt: ein gut Stück weit
 traher (**-tract-**) ziehen
palea Stroh
star stehen
foco Feuer; auch Fokus, Brennpunkt
loco Ort
 sta ben in un loco fühlt sich wohl an ein und demselben Platz
 non sta ben in un loco nicht mit einander klarkommen
al tempore de zurzeit von
fico Feige
es licite es ist erlaubt; vgl.
 lic|e|nt|ia Lizenz (behördl. Erlaubnis)
Jove Jupiter (röm. Gott)
bove Rind, Ochse
in|dicar darauf hinweisen, zeigen
con|ven|ir zusammenkommen, übereinkommen
 con|ven|t|ion Zusammenkunft, Übereinkommen
garantir garantieren, gewährleisten
 garantia Garantie
cive Mitbürger;
 siehe par. 41 (unter **-il**)
insenia|mento Unterricht
 instruction Unterricht
scholar Schul-
element|ari elementar, grundlegend
sub|jec|t|o Unterworfenes, Zugehöriges: Studium, Schulfach, Stoff, Untertan
cognoscentia Kenntnis, Bekanntschaft
vocabula|rio Wortschatz, Vokabularium
utile nützlich, dienlich
e ... e sowohl ... als auch
materne Mutter-, mütterlich
scientific wissenschaftlich
necessari notwendig
litteratura Literatur
super|flue überflüssig
realisar realisieren
secundo nach, gemäß, entlang
pre|sup|poner voraussetzen
i.a. (inter altere cosas) u.a.
instituto Institut
occupar se de sich mit etwas beschäftigen
 occupation Okkupation, Besetzung, Beschäftigung
curso Kurs
concerner betreffen
e|laborar (e- = ex-) ausarbeiten
 e|labor|a|tion Ausarbeitung
de|signar zeichnen, skizzieren, planen, ausersehen
inseniar unterrichten
in addition zusätzlich
edition Herausgabe (Buch)
revista Zeitschrift
mensual monatlich
dedicar widmen, zueignen
methodo Methode, Verfahrensweise
dif|fund|er (-fus-) ausbreiten

diffusion Verbreitung

dis- *(Präfix)* auseinander-, nach verschiedenen Richtungen, auch einen Gegensatz bezeichnend

dis|contente unzufrieden

septimanal wöchentlich

popular populär

variar variieren

centr|al|is|a|t|ion Zentralisation, Sammeln in einem Punkt

stadio Stadium, Zeitpunkt im Geschehen

initi|al Einleitungs-

stabilitate Stabilität

impedir hindern, verhindern

impedimento Hindernis

risco Gefahr, Wagnis, Risiko

dis|solu|t|ion (-solv-) Auflösung

solver lösen

dialecto Dialekt

apprehension Befürchtung

exaggerar übertreiben

era Ära, Zeitalter

globo Erdkugel

global die gesamte Erde umfassend

render zurückgeben, aufgeben, vergelten, übergeben, wiedergeben; machen

practicabile ausführbar, möglich

uso Gebrauch, Benutzung

usar gebrauchen, benutzen

registrar aufnehmen, registrieren

registration Aufnahme, Registration

identic identisch, übereinstimmend

disco Platte, auch Diskus

assi so, derart

(as)si ... como sowohl ... als auch

grammatica Grammatik

semblar scheinen

minimo Minimum

regularmente regelmäßig, regulär

matur Matur

campo, campamento Lager

Anglaterra England

magistro Meister

matur reif

conto hier: Erzählung

perla Perle

utilisator Benutzer

adresse Adresse, Anschrift

abonar se abonnieren

abonato Abonnent

in|dis|pens|a|bile unerlässlich, notwendig

in infra hierunter, darunter

auxiliar Hilfs-

inviar senden, schicken

autor Autor

annunciar anmelden, ankündigen

pertiner gehören

societate Gesellschaft

FUSSNOTE:

Aktuelle Informationen über Interlingua finden Sie im Internet unter www.interlingua.com. Informationen über Interlingua auf Deutsch finden Sie unter www.interlinguaunion.de.

Vokabelverzeichnis
2.000 häufig verwendete Interlingua-Wörter

Die Betonung liegt in der Regel auf dem Vokal vor dem letzten Konsonanten. Alle Wörter, die nicht dieser Regel folgen, sind durch einen Unterstrich auf dem betonten Vokal gekennzeichnet. *Ch* wird für gewöhnlich wie das deutsche [k] ausgesprochen; sollte es einmal als [sch] (wie in *chic*) ausgesprochen werden, gibt es einen Verweis hinter dem Wort. *G* wird wie im Deutschen ausgesprochen; wenn es wie [dsch] in dem Wort *Dschungel* ausgesprochen wird, gibt es auch hier einen Verweis hinter der Vokabel. *J* wird immer wie [dsch] in dem Wort *Dschungel* ausgesprochen.

A

a zu, nach, in, an, bis, bei
ab ab, von, von ... weg
abandonar verlassen, aufgeben
abassar herunterlassen
abbreviar abkürzen
abonar se abonnieren
abonato Abonnent
absente abwesend
absolute absolut
absorber (**-sorpt-**) absorbieren
absurde absurd
abundante reichlich
accelerar beschleunigen
accender (**-cens-**) anzünden
accento Akzent
accentuar betonen
acceptar akzeptieren, annehmen
accidente Unfall, Zufall
accompaniar begleiten
accordo Übereinstimmung, Einverständnis
  de accordo einig
accostumar gewöhnen
accusar anklagen
acido Säure
aciero Stahl
action Handlung, Aktion
active aktiv, tätig
acto Akt
actual aktuell
acute scharf, spitz
adaptar adaptieren, anpassen
adder addieren, hinzufügen
addormir se einschlafen
adeo Auf Wiedersehen, Adieu
adjectivo Adjektiv
adjunger (**-junct-**) anfügen
adjuta Hilfe
admirar bewundern
admitter (**-miss-**) zugeben, zulassen
admoner ermahnen
adoptar adoptieren
adorar anbeten
adresse Adresse
adulto Erwachsener
advertir raten, empfehlen
advocar herbeirufen
aere Luft
affabile freundlich
affaire Angelegenheit
affamar aushungern, verhungern
affection Neigung
affin ähnelnd, verwandt
affirmar bekräftigen
agentia Geschäftsstelle, Büro, Agentur
ager (**act-**) handeln
agitar bewegen, schütteln
agradabile angenehm
aggrandir vergrößern
agulia Nadel
al = **a** + **le** zu (nach bestimmtem Artikel)
ala Flügel
alacre eifrig
albergo Albergo
alcun, **alicun** irgendein, -e, -er
alcuno jemand
alimento Lebensmittel
allegre fröhlich
alora (als)dann
alque, **alique** etwas

alte hoch
altere andere, -r, -s
alterubi anderswo
altitude Höhe
alto oben
in alto hinauf, herauf
amabile liebenswürdig
amar lieben
amar bitter
ambe(s) beide
ambiente Umgebung
ambular zu Fuß gehen
amical freund(schaft)lich
amico Freund
amonta Betrag, Menge
amor Liebe
amusar unterhalten
analphabetismo Analphabetismus
ancian lange bestehend, alt
ancora noch (immer)
anello Ring
angulo Winkel, Ecke
anima Seele
animal Tier
anno Jahr
annual jährlich
annuncio Annonce
anque auch
ansa Henkel, Griff
ante vor, bevor
antea vorher, früher
anterior vorherig
antiquate altmodisch, antiquarisch
antique antik, uralt
anxie ängstlich
aperir (-pert-) öffnen
aperte offen
apparato Apparat
apparer erscheinen
appartamento Wohnung
appellar (an)rufen
appellar se heißen
appello Anruf
appender anhängen
appertiner (an)gehören
appetito Appetit
applauder (-plaus-) applaudieren
applauso Applaus
appoio Stütze
apportar holen, überbringen
appreciar schätzen, würdigen
apprender lernen
approbar billigen, genehmigen
approchar [-sch-] sich nähern
apte geeignet, passend
apud neben, bei
aqua Wasser
arbore Baum
architecto Architekt
arco Bogen
arder (ver)brennen, glühen
ardor Glut, Hitze
area Fläche, Areal
argento Silber
argilla Ton(erde)
argumento Argument
arma Waffe
armea Armee, Heer
arrangiar [-dschar] arrangieren
arrestar verhaften
arrivar ankommen
arte Kunst
articulo Artikel
artificial künstlich
ascender (-scens-) hinaufsteigen
ascoltar anhören, horchen
asino Esel
assatis genug, ziemlich
assecurar versichern
assemblea Zusammenkunft, Versammlung
assi so, ebenso ... wie
association Vereinigung
atroce grausam, grässlich
attacco Angriff, Anfall
attachar [-sch-] sich anbinden
attender (-tent-) aufpassen, warten
attention Aufmerksamkeit
attentive aufmerksam
atterrar landen
attinger erreichen, einholen
attractive attraktiv
attraher (-tract-) (her)anziehen, locken
audir hören
auditorio Auditorium, Hörsaal
augmentar vermehren
aure Ohr
auro Gold
authentic aufrichtig, unverfälscht, authentisch
autobus Bus
auto(mobile) Auto
autor Autor, Urheber
autoritate Autorität
autumno Herbst
auxiliar Hilfs-
avantage [-dsche] Vorteil
avante voraus, voran
avantia Voraus
in avantia im Voraus

avantiar vorwärts bringen
avar geizig
ave Vogel
aventura Abenteuer
averter (**-vers-**) abwenden, wegwenden
avion Flugzeug
azur azur, blau

B

baca Beere
bagage [-dsche] Gepäck
balancia Waage
balla Spielball, Kugel
ballon Ballon
banca Bank *(fin.)*
banco (Sitz)bank
banda Band, Bande
bandiera Fahne, Flagge
baniar (**se**) baden
banio Bad
barra Stange, Schranke
barriera Hindernis
base Basis, Grundlage
basic grundlegend
basio Kuss
bassar senken
basse niedrig
  a basso hinunter, herunter
  in basso unten
bastante genug, ausreichend
bastar genug sein, ausreichen, genügen
baston Stock, Stab
battalia Schlacht
batter prügeln, schlagen
belle schön
beltate Schönheit
ben gut *(Adv.)*
beneficio Gewinn, Nutzen
benque, **ben que** obgleich
benvenite Willkommen
berillos Brille
besoniar brauchen, benötigen
biber trinken
bibita Getränk
bibliotheca Bibliothek, Bücherei
bicyclo Fahrrad
billet (Fahr-)Schein
blanc weiß
blasmo Tadel
blasphemar lästern, fluchen
blau blau
bloco Block, Klotz
blonde blond
bobina Spule
bomba Bombe
bon gut *(Adj.)*
bordo Bord, Rand
boteca Geschäft, Laden
botta Stiefel
bottilia Flasche
bove Rind
bracio Arm
branca Ast, Zweig
brave tapfer, mutig, brav
breve kurz(gefasst)
bricca Ziegelstein
brillar glänzen
brossa Bürste
brun braun
bucca Mund
bullir kochen, sieden
bureau Büro, Schreibtisch, Amt
burla Witz, Spaß, Scherz
button Knospe, Knopf
butyro Butter

C

cabana Hütte
cader (**cas-**) fallen
cadita Fall
caffe Kaffee, Café
calcar treten, trampeln, stoßen
calcea (langer) Strumpf
calcetta Socke
calcular (aus-)rechnen
calefaction Heizung
calide warm
calmar beruhigen
calme ruhig
calor Hitze, Wärme
cambiar ersetzen, austauschen
  cambiar de ändern
cambio Wechsel
camera Raum, Zimmer
camerada Freund, Kamerad
camerero (Kammer-)Diener
camino Kamin, Schornstein
camion Lastwagen
camisa Hemd
campana Glocke
campania Land; Kampagne
campo Feld, Acker
can Hund
cancer Krebs
candela Kerze, Zündkerze
cantar singen
canto Gesang, Lied
capace fähig, geschickt
capillos (Kopf)haar
capital Haupt-
capitano Kapitän
capite Kopf, Haupt

cappello Hut
captivar fangen
capturar fangen, erbeuten
car lieb, teuer
cardiac Herz-
carga Last, Ladung
carne Fleisch
carro Wagen, Karren
carta Karte, Landkarte
carton Pappe, Karton
casa Haus
  a casa nach Hause
  in casa zuhause
caseo Käse
caso Fall, Lage
  in tal caso in diesem Fall
cassa Kasse, Kiste
cassera Kassiererin
casserola Kochtopf
cata jede, -r, -s
catena Kette
cathedra Katheder, Pult
catto Katze
cauda Schwanz
causa Grund, Ursache
  a causa de deswegen
causar verursachen
cavallo Pferd
cave ausgehöhlt
cec blind
ceder (cess-) abtreten, überlassen
celar verbergen, verstecken
celebrar feiern
celebre berühmt
cellula Zelle
celo Himmel
cena Abendessen
cento hundert
central zentral
centro Mittelpunkt, Zentrum
cercar suchen
certe sicher, gewiss
certo gewiss, bestimmt *(Adv.)*
cessar aufhören
characteristic charakteristisch
charme [sch-] Charme, Zauber
chassar [sch-] jagen
chef [sch-] Chef
chimic chemisch
choc [sch-] Schock, Stoß
cifra Ziffer
cinctura Gürtel
cinere Asche
cinquanta fünfzig
cinque fünf
circa circa, ungefähr
circulation (Straßen-)verkehr
circulo Zirkel, Kreis
circum um ... herum
circumstantia Umstand
citate Stadt
cive Staatsbürger
clar klar, hell
classe Klasse
clauder (claus-) schließen
clave Schlüssel
clavo Nagel
clinica Klinik
cocer (coct-) kochen, zubereiten
cocina Küche
coclear Löffel
cognoscentia Bekanntschaft, Kenntnis
cognoscer (-gnit-) kennen
colla Klebstoff, Leim
collapso Kollaps, Zusammenbruch
collar kleben, leimen; *(auch)* Kragen
collection Sammlung
collega Kollege
collider (-lis-) zusammenstoßen
colliger (-lect-) pflücken, sammeln
collina Hügel
collo Hals
color Farbe
colpo Schlag, Hieb, Stoß
combinar kombinieren
comenciar anfangen, beginnen
comic komisch
commandar kommandieren, befehlen
commatrage [-dsche] Klatsch
commercio Handel
commun gemein(sam)
communicar kommunizieren, mitteilen
como wie, als
compania Gesellschaft
companion Gefährte, Kamerad
comparar vergleichen
compartimento Abteilung
compatriota Landsmann
compilar zusammentragen
compler komplettieren, vervollständigen
complete vollständig

comportar se sich verhalten
comprar kaufen
comprender (-prens-) verstehen
computator Computer
con mit
concentrar konzentrieren
concerner betreffen
concluder (-clus-) abschließen, folgern
condition Bedingung
conducer (-duct-) führen, leiten
conferentia Konferenz
confidentia Vertrauen
conforme a übereinstimmend mit
confortabile bequem (Stuhl)
confunder (-fus-) verwirren
congresso Kongress
conjectura Vermutung
connecter (-nex-) verbinden
conscie (de) bewusst
conscientia Gewissen
consentir (-sens-) zustimmen
consequente konsequent
per consequente folglich
conservar aufbewahren
considerar erwägen
consilio Rat(schlag)
consister de bestehen (aus)
constante konstant
constatar feststellen
construer (-struct-) konstruieren, (er-)bauen
contar (er-)zählen, rechnen
contente zufrieden
contento Inhalt
continer (-tent-) enthalten
continuar fortsetzen
conto Konto, Rechnung
contra gegen
contradicer (-dict-) widersprechen
contrario Gegenteil
al contrario im Gegenteil
contribuer (-tribut-) beitragen
conveniente passend, geeignet
convenir (-vent-) passen, zustimmen
convention Übereinstimmung
conversation Konversation, Gespräch
converter (-vers-) umwandeln
convincer (-vict-) überzeugen
coperculo Deckel
coperir (-pert-) bedecken, verdecken
copia Kopie
corage [-dsche] Mut
corbe Korb
corda Strick, Seil; Saite
corde Herz
cordial Herz-, herzlich
corio Leder
corona Krone
corpore Körper
correcte korrekt, richtig, recht
correlation Korrelation
correspondente entsprechend
corriger (-rect-) berichtigen
corte Hof, (*auch*: Königshof)
cortese höflich
cortina Vorhang, Gardine
cosa Ding, Sache, Angelegenheit
costa Küste
costar kosten
costo Ausgabe (Geld), Kosten
costume Gewohnheit
coton Baumwolle
crear kreieren, (er-)schaffen
creder glauben, trauen
crema Sahne
crescer wachsen
crimine Verbrechen
crise Krise
critar rufen, schreien
critic kritisch
critico Kritiker
crito Schrei
croc Haken, Krümmung
cruce Kreuz
crude roh, ungekocht
cruel grausam, brutal
cuje dessen, deren
culmine Gipfel, Höhepunkt
culpa Schuld
culpabile schuldig
cultello Messer
cultivar kultivieren, anbauen
cultura Kultur
cupro Kupfer

cura Pflege, Sorge
curiose neugierig
currente (elektrischer) Strom
currer (curs-) rennen, laufen
cursa Lauf
curso Kurs, Lehrgang
curte kurz
curva Kurve
cute Haut
cyclo Fahrrad

D

dama Dame
damno Schaden
dansa Tanz
dar geben
data Datum
de von, um, an, in, bei; (bildet den Genitiv)
dea Göttin
debatto Debatte
deber müssen, schulden, dürfen
debile schwach
debita Schuld
decader verfallen
dece zehn
decider (-cis-) entscheiden
decime zehnte
decision Entscheidung
declarar erklären
dedicar widmen
defender (-fens-) verteidigen
definir definieren
del (de + le) von dem, von der
delegar delegieren, bevollmächtigen
delegato Repräsentant, Bevollmächtigter
delphino Delphin
deman morgen
demandar fragen, fordern
demonstrar zeigen
dente Zahn
deo Gott
departimento Abteilung
depost nachher, seitdem
derecto Recht, Gesetz, Gericht
derider (-ris-) lachen (über)
derivar (ab-)leiten, (her-)leiten
descender (-scens-) hinabsteigen
describer (-script-) beschreiben
desde seit, von ... an
designo Zeichnung, Entwurf
desirar wünschen
desiro Wunsch
destino Schicksal
destruer (-struct-) zerstören
detalio Detail, Einzelheit
determinar bestimmen
detra hinter
devenir werden
dext(e)ra der/die/das Rechte
dext(e)re recht
diabolo Teufel
dicer (dict-) sagen
dictionario Wörterbuch
die Tag
differente unterschiedlich, verschieden
differentia Unterschied
difficile schwierig
difficultate Schwierigkeit
digito Finger
digne würdig
diligente fleißig
diligentia Fleiß
diminuer vermindern
dimitter (-miss-) entlassen
dinar zu Mittag/Abend essen
directe direkt
direction Richtung, Leitung
diriger (-rect-) dirigieren, leiten
disagradabile unangenehm
disappunctar (ent-)täuschen
disco Scheibe, Schallplatte
discoperir (-pert-) entdecken, abdecken
discoragiar [-dschar] entmutigen
discrete diskret, taktvoll
discurso Vortrag, Rede
discussion Diskussion
discuter (-cuss-) diskutieren, erörtern
disfoliar entblättern
disordine Unordnung
disparer verschwinden
dispender (-pens-) ausgeben
disperger (-spers-) zerstreuen
disponer (-posit-) verfügen
disputa Disput, Streit,

Wortwechsel
dissolution Auflösung
distante entfernt, fern
distantia Entfernung
distinguer (**-stinct-**) unterscheiden
disturbar stören
disveloppar entwickeln
disvestir sich ausziehen
diverse divers, verschieden(artig)
divertimento Vergnügen, Unterhaltung
divider (**-vis-**) teilen
divinar erraten, vermuten
doler schmerzen, weh tun
dolor Schmerz
domicilio Wohnsitz, Wohnstätte
dominar dominieren
dominica Sonntag
domo Haus
dono Geschenk
donar geben, schenken
dormir schlafen
dorso Rücken
drappo Tuch
droga Droge
dubita Zweifel
ducer (**duct-**) führen
dulce süß
dunque also
duo zwei
dupar prellen, narren
duple zweifach
dur hart
durante während
  durante que währenddessen
durar (an-)dauern

E

e und
  e ... e sowohl ... als auch
ebrie betrunken
ecce hier ist/sind
ecclesia Kirche
economisation Wirtschaftlichkeit
edificio Gebäude
editar ein Werk herausgeben, publizieren
edition Verlag(swesen)
educar erziehen
effective wirksam
effecto Effekt
effortio Anstrengung
ego Ego, das Ich
electric elektrisch
elegante elegant
elementari elementar, grundlegend
elevar erhöhen
eliger (**elect-**) (aus-)wählen
embarassar verwirren, hindern, verlegen machen
embryon Embryo
emission Rundfunk-, Fernsehübertragung
emotion Emotion
emplear verwenden
empleo Verwendung
energia Energie
enoio Störung, Langeweile
enoiose langweilig, ärgerlich
enorme enorm, ungeheuer
enthusiastic enthusiastisch
entrar eintreten
entrata Eingang
epocha Epoche
equipa Mannschaft, Team
erecte aufgerichtet, aufrecht
eriger (**-rect-**) aufrichten
errar (sich) irren
error Irrtum, Versehen
escappar entschlüpfen, entfliehen
espaventar erschrecken (jdn.)
esque Fragepartikel (... ob)
essayo Versuch, Probe
essential essentiell, wesentlich
esser sein
essugar (ab-)trocknen
est Osten
estate Sommer
establir einrichten
estimar schätzen
estive Sommer-
estranie ausländisch, merkwürdig, fremd
estraniero Fremder, Ausländer
etage [-dsche] Etage, Stockwerk
etate Alter
etiam auch
eveliar (auf-)wecken
eveliator Wecker
evenir (**-vent-**) passieren, geschehen, sich ereignen
evento Ereignis
evidente offenbar, offensichtlich
evitar vermeiden
ex aus

exacte exakt
exaggerar übertreiben
examinar untersuchen
examine Examen, Prüfung
excambio Austausch, Umtausch
excellente exzellent, hervorragend
excepte ausgenommen
excusa Entschuldigung
excusar entschuldigen
exemplo Beispiel, Exempel
exequer (-ecut-) ausführen
exercer anwenden, ausüben
exercitar trainieren, einpauken
exercitio Übung
exhaurir (-haust-) erschöpfen
exiger (-act-) fordern
exir verlassen, hinausgehen
exister existieren
exito Ausgang
exopero Streik
expectar (er-)warten
expedir versenden
experientia Erfahrung
explicar erklären
exploder (-plos-) explodieren
expression Expression, Ausdruck
exprimer (-press-) ausdrücken
extender (-tens-) ausdehnen
exterior äußere *(Adj.)*, Äußere *(Subst.)*
extra außerhalb
extracto Auszug
extraordinari außergewöhnlich
extreme extrem

F

fabrica Fabrik
facer (-fact-) tun, machen
facie Antlitz, Gesicht
facile leicht (zu tun)
facilitar erleichtern
facto Fakt, Tatsache
  de facto tatsächlich
faller (ver-)fehlen
falta Versehen
fama Ruf, Ruhm
fame Hunger
familia Familie
familiar familiär, vertraut
farina Mehl
fatigate müde
favor Gunst(-bezeigung)
  per favor bitte
favorite begünstigt, Lieblings-
fede hässlich
felice glücklich
femina Frau
fenestra Fenster
feno Heu
fer stolz
ferma Landgut, Bauernhof
feroce wild, grimmig
ferro Eisen
ferrovia Eisenbahn
fico Feige
fide Treue, Glaube
fidel treu, gläubig
fider anvertrauen, trauen
filia Tochter
filio Sohn
filo Faden, Garn, Zwirn, Draht
fin Ende
  a fin de um ... zu
  a fin que damit
final endgültig, final
finder (fiss-) (zer-)spalten
finir beenden
firme fest, standhaft
fixar festmachen, anbringen, fixieren
fixe fest, unbeweglich
flamma Flamme
flecha [-sch-] Pfeil
flecter (flex-) biegen, beugen
flor Blume
flottar flößen
fluer (fluct-) fließen
fluvio Strom, Fluss
focar Herd
foco Feuer
foder (foss-) (um-)graben
folio Blatt
folle verrückt
fonte Quelle
foramine Loch, Öffnung
forar bohren
foras draußen, außerhalb
foreste Wald, Forst
forma Form
formar formen, bilden, gestalten
formulario Formular
fornir beliefern, versehen mit
forsan vielleicht
fortalessa Festung
forte stark, kräftig
fortia Kraft, Stärke
fortiar zwingen, nötigen

fortuna Glück
fracassar zerschmettern
fractura Bruch(teil)
franger (**fract-**) (zer-)brechen
frappar schlagen
fratre Bruder
fraude Betrug, Täuschung
frequentar häufig besuchen
frequente häufig
fresc frisch, kühl
fricar reiben
frigide kalt
frigor Kälte, Kühle
frir braten, backen
fronte Stirn
frontiera Grenzen
fructo Frucht
fruer (**fruct-**) (**de**) genießen
frumento Weizen
fugir fliehen
fugita Flucht *(Handlung)*
fuligine Ruß
fulmine Blitz
fumar rauchen
fumo Rauch
funder (**fus-**) (ver-)schmelzen
fundo Grund, Boden
fur Dieb
furchetta Gabel
furiose wütend, rasend
futur Zukunfts-
fusil Gewehr

G

gallo Hahn
gamba Bein
gambon Schinken
ganiar gewinnen, verdienen
garantir garantieren
garrular schnattern, plappern
gauder (**de**) genießen, (sich) erfreuen
gaudio Freude, Genuss
gelar einfrieren, zum Gefrieren bringen
gena Wange
general allgemein
generation Generation
genere Geschlecht, Art
generose großmütig
geniculo Knie
genitores Eltern, Erzeuger, Vorfahren
gente Leute, Volk
genuin echt, authentisch
geographic geografisch
geologia Geologie
gigante riesig, gigantisch
girar (herum-)drehen
glacie (Glatt-)Eis
glissar gleiten, rutschen
glutir (ver-)schlucken
gonna (Frauen-)Rock
governar regieren, steuern
governamento Regierung
grado Grad, Stufe, Rang
gradual allmählich, stufenweise
grammatica Grammatik
grande groß
grandor Größe
grano (Samen-)Korn
granpatre Großvater
grasse fett, dick, fettig
grate dankbar
gratias danke
gratuite gratis, unentgeltlich
grave ernst, schwer
gris grau
grossier grob, roh
gruppo Gruppe
guanto Handschuh
guarda Wache, Wacht
guastar verderben
guerra Krieg
guidar führen
gumma Gummi
gustar schmecken, gefallen
gutta Tropfen
gutture Kehle, Gurgel

H

haber haben
habile geschickt (fähig)
habitante Bewohner
habitar /**in**/ wohnen (in)
habito Kleid, Anzug
hacha [-sch-] Axt
halito Atem, Hauch
haltar anhalten, stoppen
hasardo Zufall, Wagnis
hastar eilen, sich beeilen, hasten
haste Eile, Hast
herba Kraut, Gras
hereditar erben
heri gestern
heroe Held
hesitar zögern
hiberno Winter
hic hier
historia Geschichte
hodie heute
homine Mann, Mensch, Person
honeste ehrlich

honor Ehre
hora Stunde
de bon hora (früh-)zeitig
horologio Uhr
horribile schrecklich
hospital Krankenhaus, Hospital
hospite Gast
hospitero Wirt
hotel Hotel
human menschlich
humano Mensch
humero Schulter
humide feucht
humile demütig, niedrig
humor Humor

I

i.a. (= **inter altere**) u.a. (unter anderem)
i.e. (= **isto es**) d.h. (das heißt)
ibi dort
idea Idee
identic identisch, völlig gleich
idioma Sprache
idiota Idiot
ignorar ignorieren, nicht wissen
il es *(Personalpronomen)*
il ha es ist, es gibt
illa sie *(3. P. Sg.)*
ille das
ille er
illes (**illas**, **illos**) sie *(3. P. Pl.)*
illo es
illustration Illustration
imaginar imaginieren, sich etw. vorstellen
imagine Bild
imbraciar umarmen, umfassen
imitar imitieren, nachahmen
immediate unverzüglich
immerger (**-mers-**) (ein-)tauchen
immunde schmutzig, dreckig, unsauber
impatiente ungeduldig
impedir verhindern
imperativo Imperativ, Befehlsform
importante wichtig, bedeutend
importar importieren, von Wichtigkeit sein
non importa das macht nicht
impossibile unmöglich
impressionar beeindrucken
imprimer (**-press-**) (aus-)drucken, aufdrücken
in in, ein
incatenar in Ketten legen, fesseln
incatenar su lingua den Mund halten
incendio Brand, Feuer
includer (**-clus-**) einschließen
incognite unbekannt
incontrar treffen, begegnen
incontro Treffen, Begegnung
incoragiar [-dschar] ermutigen
incredibile unglaublich
indicar anzeigen
indiscrete indiskret
indiscutibile indiskutabel, nicht diskutierbar
inducer (**-duct-**) einführen, hineinführen
industria Industrie
inevitabile unvermeidbar
inexpectate unerwartet
infante Kind; auch: Baby
infantia Kindheit
infectar infizieren
inferior unter/e, -er, -es
inferno Inferno, Hölle
infinitivo Infinitiv
infirmera Krankenschwester
inflar aufblasen
influentia Einfluss
informar informieren
infra unten, unterhalb
ingeniero Ingenieur
inimico Feind
initiativa Initiative
initio Anfang
injuria Beschimpfung, Unrecht
innumerabile unzählig
inquiete beunruhigt
insecto Insekt
inseniar lehren, unterrichten
insimul zusammen, gleichzeitig, gemeinsam
inspirar inspirieren
instruer (**-struct-**) unterweisen, instruieren, anleiten
instrumento Instrument
insula Insel
integre ganz, vollständig
intelligente intelligent

intender (-tent-/-tens-) beabsichtigen, planen
inter zwischen, unter
interesse Interesse
interior innerlich; Interieur
international international
interprender (-pris-) unternehmen
interprisa Unternehmung, Unternehmen
interrar beerdigen
interrumper (-rupt-) unterbrechen
intertenimento Unterhaltung *(Entertainment)*
intra innerhalb
introducer (-duct-) einführen
inusabile nutzlos
inusual ungewöhnlich
inveloppe Umschlag, Hülle
invenito Einkommen
inviar (ver-)schicken, (ver-)senden
invidia Neid, Missgunst
invio Sendung (Post)
invitar einladen
io ich
ipse (man) selbst
ir gehen
ira Zorn
iste diese, -r, -s *(Adj.)*
isto dieses, das *(Pronomen)*

J

jacer liegen
jachetta Jackett
jalne gelb
jam schon
jardin Garten
jectar werfen
jentaculo Frühstück
jentar frühstücken
jocar spielen
joco Spiel, Witz
joculo Spielzeug
joiel Juwel
jornal Zeitung
jorno Tag
jovedi Donnerstag
judicar richten
judice Richter
juncte verbunden
junger (junct-) verbinden, vereinigen
jurar schwören
jure Recht
juste genau, fair, richtig
justitia Gerechtigkeit
justo gerade *(Adv.)*
juvene jung; junger Mensch, Jugendlicher
juventute Jugend
juxta dicht, daneben

K

kilometro Kilometer

L

la sie, ihr *(Sing.)*
labio Lippe
labor Arbeit
lacerar zerreißen
laco See
lacrima Träne
lacte Milch
lamentar (sich be-)klagen, lamentieren
lamina dünnes Plättchen
lana Wolle
lancear schleudern
large breit
las ihnen *(weibl. Mehrzahl)*
lassar (ver-)lassen
latere Seite
latino Latein
laton Messing
latta Blech
laude Lob
lavar waschen
laxe locker, schlaff
le ihm, ihn
le *(bestimmter Artikel)*
lection Lektion
lecto Bett
lector Leser
lectura Lektüre
lege Gesetz
leger (-lect-) lesen
legier [-dscher] leicht, leger
legumine Gemüse
lente langsam
les ihnen *(männlich Mehrzahl oder gemischtgeschl. Mehrzahl)*
lettera Brief
levar erheben, anheben
levar se aufstehen
leve link/ -e/ -er/ -es
libere frei/ -e /-er /-es
libro Buch
licite gesetzlich erlaubt
ligamine Band, Verbindung
ligar verbinden
ligno Holz
limine Schwelle
limitar limitieren, einschränken, begrenzen
limite Grenze

linea Linie
lingua Zunge, Sprache
lisie glatt
litore Küste
littera 1. Buchstabe, 2. (= **lettera**)
litteratura Literatur
livrar liefern
lo es, ihm
locar stellen, vermieten
loco Ort, Stelle
longe lang
longitude Länge
lontan entfernt, fern
lor ihr *(Pl.)*
los ihnen *(Dinge)*
lucta (Ring-)Kampf
lucto Trauer
lumine Licht
luna Mond
lunch [-sch] Lunch, Mittagsessen
lunedi Montag
luxo Luxus

M

ma aber
macellero Fleischer, Metzger
macula Fleck, Klecks, Makel
maestro Meister, Herr
magazin Geschäft, Laden, Lager
magne höchst, gewaltig
magre hager, mager
major größer
mal schlecht, böse
malade krank
maladia Erkrankung, Krankheit
malgrado trotz
mancar fehlen, mangeln
manco Mangel (Fehlen)
mandar schicken
manear handhaben, bedienen
mangiar [-dschar] essen, Essen
maniera Art, Weise
manifestar kundtun, offenbaren
mano Hand
mantello Mantel
mantener beibehalten, aufrechterhalten; behaupten
manual Handbuch, Lehrbuch
manuscripto Manuskript, Schriftwerk
mar Meer
marcar anmerken, anzeigen
marcer verwelken
marchar [-sch-] laufen, marschieren
marita Ehefrau
maritage [-dsche] Hochzeit, Ehe, Heirat
marito Ehemann
marmita Kochtopf
martedi Dienstag
martello Hammer
mascule männlich
materia Fach, Materie
maternal, materne mütterlich
mathematica Mathematik
matino Morgen
matre Mutter
matur reif, abgeklärt
maxime höchst, maximal
me mir, mich
media Mittelmaß, Durchschnitt
medicamento Medikament
medicina Heilkunde, Arznei
medico Arzt
medie halb
mediedie Mittag(szeit)
medietate Hälfte
medio Mitte, Mittel-
melio besser
melior besserer, -e, -es
membro Mitglied, Glied
memorar sich erinnern
menacia (Be-)Drohung
mense Monat
mensual monatlich
mente Geist, Gemüt, Sinn
mentionar erwähnen
mentir lügen
mentita Lüge
menu Menü, Speisekarte
meraviliose wunderbar
mercato Markt
merce Ware
mercuridi Mittwoch
meridie Mittag
mesme selbst, gleich
lo mesme dasselbe
mesmo selbst, sogar
non mesmo nicht einmal
message [-dsche] Botschaft
mestiero Handwerk
mesura Maß(stab)
methodo Methode
mi mein, meine
micre klein
mille (ein-)tausend
million Million
mineral Mineral-

minime mindestens; kleinste, minimal
minimo Minimum
minor kleiner, geringer
minus weniger
al minus zumindest
minuta Minute
miscer (**mixt-**) mischen
mitter (**miss-**) setzen, stellen, legen
mixtura Mischung
mobile beweglich
mobiles Möbel
moda Mode
moderne modern
modeste bescheiden
modic moderat, angemessen
modo Art, Weise
molestar belästigen
molino Mühle
molle weich, schlaff
momento Augenblick
moneta Münze, Geld
monstrar zeigen
montania Gebirge
montar (be-)steigen
morbo Krankheit
morder (**mors-**) beißen
morir (**mort-**) sterben
morsura Biss, Bisswunde
morte Tod
mover (**mot-**) bewegen
multe viel, viele
multitude Menge, Vielzahl
multo viel, sehr
munde sauber, rein
mundial weltweit, Welt-
mundo Welt
murmurar murmeln
muro Wand
musca Fliege
musculo Muskel
musica Musik
mute stumm
mysteriose mysteriös

N

nam denn *(Konjunktion)*
narrar erzählen
nascentia Geburt
nascer (**nat-**) geboren werden
naso Nase
Natal Weihnachten
natar schwimmen
nation Nation
natura Natur
naturalmente natürlich, selbstverständlich
nave Schiff
navigar segeln
nebula Nebel
necar ertränken, ertrinken
necessari notwendig
necessitate Notwendigkeit
necun keiner
negar leugnen
negliger (**-lect-**) vernachlässigen
negotio Geschäft, Handel
nemo niemand
nepote Neffe
nervose nervös
nette nett, klar, rein
ni ... ni weder ... noch
nido Nest
nigre schwarz
nihil nichts
nive Schnee
nivello Niveau, Waage
no nein
nocer schaden
nocte Nacht
nodo Knoten
nomine Name
non nicht
none neunte, -er, -es
nonne? nicht wahr?
nord Norden
nos wir, uns
nostre unser
nota Note, Anmerkung
nota de banca Banknote
notar sich etw. merken
notitia Notiz
nova Neuigkeit, Neuheit, Nachricht
novanta neunzig
nove neu
de novo wieder, erneut, abermals
novem neun
nube Wolke
nuce Nuss
nude nackt
nulle kein, keine
numero Nummer, (An)zahl
numerose zahlreich
nunc nun, jetzt
nunquam nie(mals)
nutrir (er)nähren

O

o oder
o ... o entweder ... oder
obedir gehorchen
objectar einwenden gegen
objecto Gegenstand
oblidar vergessen
obra Werk, Arbeit
obrero Arbeiter
obscur finster, dunkel

obtener (**-tent-**) erlangen, erhalten
occasion Gelegenheit
occider (**-cis-**) töten, niederschlagen
occupar besetzen
occupar se de sich beschäftigen mit
occupate beschäftigt
occurrer vorkommen, geschehen
oceano Ozean
octanta achtzig
octave achte
octo acht
oculo Auge
odio Hass
odor Geruch, Duft
offender (**-fens-**) verletzen, beleidigen
offensa Verletzung, Beleidigung
offerer (**-fert-**) anbieten
offerta Angebot
officio Amt, Büro
oleo Öl
olfacer (**-fact-**) wittern, etw. riechen
olim einst, ehemals
omne jeder, all, alle *(Adj.)*
on man
opinar der Meinung sein
opinion Meinung
opponer (**-posit-**) entgegenstellen
opposite gegenüber, gegenüberliegend, entgegengesetzt
opposito Gegensatz
optime beste, -er, -es
ora jetzt, nun
orator Redner, Sprecher
ordinar bestellen
ordinari gewöhnlich, üblich
ordine Ordnung, Reihenfolge
organisar organisieren
organo Organ, Orgel
orgolio Hochmut, Stolz
origine Ursprung, Herkunft
osar wagen zu tun
oscitar gähnen
osso Knochen
ovo Ei

P

pacco, **pacchetto** Paket, Bündel
pace Frieden
paga Bezahlung, Lohn
pagar (be)zahlen
pagina (Buch-)Seite
pais Land
paisage [-dsche] Landschaft
pala Spaten, Ruderblatt, Schaufel
palea Stroh
pallide blass, bleich
palo Pfahl
pan Brot
panico Panik
pannello Taschentuch
pantalones lange Hose(n)
papiro Papier
par gleich, gerade, Paar
parcar parken
parco Park
pardono Verzeihung, Vergebung
parentes Eltern; Verwandte
parer (er)scheinen
parlar sprechen
parola Wort
parte Teil, Stück, Anteil
partir abreisen, fortgehen
partita Abreisen
partito Partei
parve kleine
passagero [-dsche] Passagier, Reisender
passar vorbeigehen, durchgehen
passato Vergangenheit
passo Schritt, Durchgang
patata Kartoffel
patiente geduldig
patre Vater
pauc wenig(e)
pausa Pause
pavor Angst
peccar sündigen
pecia Stück
pectine Kamm
pectore Brust
pecunia Geld
pede Fuß
pejo schlechter, schlimmer *(Adv.)*
pejor schlechter, schlimmer *(Adj.)*
pelle Haut, Fell
pena Strafe, Mühe
a pena kaum
pender (**-pens-**) hängen
pensar denken
pensata Gedanke
per durch, von, über ... hin
perder verlieren
perdita Verlust
perfecte perfekt, vollkommen
periculo Gefahr

periodico Zeitung
periodo Umlaufzeit, Periode
perla Perle
permitter (-miss-) erlauben
persona Person
pertiner angehören
pesante schwer
pesar wiegen
peso Gewicht
pessime schlechteste/ -r
peter ersuchen, fordern, bitten
petra Stein
phoca Robbe, Seehund
phrase Satz, Redensart
piccar schmerzen, stacheln
pictura Bild, Gemälde
pigre faul
pinger (pict-) malen
pira Birne
pisce Fisch
pista Fährte, Rennbahn
placer gefallen
placia Platz, Stelle
plagia Strand
plan flach, glatt, eben
planca Brett, Planke
planger (planct-) klagen
plano Plan, Vorhaben
plastico Plastik
platte platt, flach
platteforma Plattform, Bahnsteig
platto Teller, Gericht (Speise)
plen voll
plenar auffüllen, ausfüllen
plorar weinen
pluma Feder
plumbo Blei
plure mehrere
plus plus, mehr
  non ... plus nicht mehr
pluver regnen
pluvia Regen
pneu Reifen
poc wenig(e)
  un poco ein wenig
policia Polizei
polir polieren
polite höflich
pomo Apfel
poner (posit-/post-) setzen, stellen, legen
ponte Brücke
popular populär
population Bevölkerung
populo Volk, Nation
porta Tür
portar tragen
porta-voce Sprachrohr, Sprecher
porto Hafen
posseder (-sess-) besitzen
possibile möglich
post nach, hinter
posta Post(amt)
postea darauf, nachher
posterior spätere/ -r, hintere/ -r
postero Postbote, Briefträger
postmeridie Nachmittag
posto Posten, Platz
postponer (-posit-) zurückstellen, verschieben *(zeitl.)*
potentia Vermögen, Macht
poter können
povre arm
practic praktisch
prandio Mittagessen
precar beten
prece Gebet
preceder (-cess-) vorangehen, vorausgehen
precio Preis
  a precio alte teuer
  a precio basse billig, preiswert
preferer bevorzugen
premer (press-) drücken
premio Prämie, Preis
prender (prens-) nehmen
preparar vorbereiten
presentar präsentieren
presente gegenwärtig, präsent
presentia Präsenz, Anwesenheit
presidente Präsident
pressa Presse
pressar pressen
  pressate eilig, hastig
presso bei, neben
  a presso de bei (zu Hause von)
prestar (aus)leihen
  facer se prestar (ent)leihen
preste bereit, fertig
presto sofort, gleich
pretender (-tent/-tens-) vorgeben, behaupten
preter an ... vorüber
prevenir (-vent-) zuvorkommen
previe vorherig
primavera Frühling
prime erste/ -r/ -s

primo zuerst, fürs erste
prioritate Priorität, Vorzug
prision Gefängnis, Haftanstalt
pro für; um (... zu)
probabile wahrscheinlich
probar versuchen
problema Problem
producer (-duct-) produzieren, erzeugen
producto Produkt, Erzeugnis
professor Professor
profunde tief, gründlich
programma Programm
progreder (-gress-) fortschreiten
progresso Fortschritt
prohibir verbieten, untersagen
projectar planen, entwerfen
promenada Spaziergang
promenar se (spazieren) gehen
promissa Versprechen
promitter (-miss-) versprechen
pronomine Pronomen
pronunciar aussprechen
proponer (-posit-) vorschlagen
proprie eigene /-r/ -s; eigen(tümlich)
proprietate Eigentum(srecht)
proque warum, weil
prospere segensreich
proteger (-tect-) (be)schützen
protesto Protest
prova Beweis
provar beweisen
proverbio Sprichwort
provocar provozieren, herausfordern
proxime nächste/ -r/ -s
prudente vorsichtig, klug
public öffentlich
publicar veröffentlichen
publico Öffentlichkeit
puera Mädchen
puero Junge
pugno Faust
pulsar pulsieren; schieben, stoßen
pulvere Pulver
puncta Spitze, Stachel
puncto Punkt
punger (-punct-) stechen, stacheln
punir (be)strafen
pupa Puppe; kleines Mädchen
puteo Brunnen, Schacht, Pfütze
putrer verfaulen

Q

quaderno Heft
quadro Rahmen
qual welche/ -r/ -s
qualcosa etwas
qualcunque wer auch immer
qualitate Eigenschaft
quando wann, wenn, als
quandocunque (irgend)wann
quante wie viel(e)
quanto wie viel
quanto ... tanto je ... desto
quaranta vierzig
quarte vierte
quasi fast, beinahe
quatro vier
que als; dass, was; der, die, das
que...? was...?
quecunque was auch immer
querela Klage, Streit, Zank
question Frage
qui wer
de qui von wem, wessen
quiete ruhig, still
quinte fünfte
quitar verlassen
quotidian täglich
quotisation (Jahres)beitrag

R

rabie Wut, Tollwut
radice Wurzel, Ursprung
radio Radio
rana Frosch
rango Rang, Reihe
rapide schnell
rar selten
rasar se sich rasieren
rasorio Rasierer
ration Vernunft, Recht
haber ration Recht haben
rational vernünftig
re von, über, betreffend
realisar realisieren, verwirklichen
recente kürzlich
recerca Forschung, Untersuchung, Ermittlung
reciper (-cept-) erhalten

recognoscer (-gnit-) wiedererkennen
recommendar empfehlen
recte gerade, recht
refrescar se sich erfrischen
refusar verweigern
rege König
reger regieren, leiten
regina Königin
region Region
registrar registrieren, aufnehmen (Ton)
registro Register
regno (König)reich
regratiar danken
regrettabilemente leider, bedauerlicherweise
regrettar bedauern
reguardar ansehen, beobachten
regula Regel
regular regeln
reimpler auffüllen
relative verhältnismäßig
remaner (ver)bleiben
remar rudern (Boot)
remarcabile bemerkenswert
remarcar bemerken
remediar Abhilfe schaffen, beheben, heilen
rememorar erinnern
render zurückgeben
reparar reparieren
repasto Mahlzeit
reper (rept-) kriechen
repeter wiederholen
replicar antworten, erwidern
reporto Bericht
reposo Ruhe, Rast
reprehender (-hens-) zurechtweisen, tadeln
reprochar [-sch-] vorwerfen
reservar reservieren, freihalten
resolute resolut, entschlossen
resolution Resolution, Beschluss
resorto (Spring)feder (einer Matratze)
respecto Respekt
responder (-spons-) (be)antworten
responsa Antwort
responsabile verantwortlich
restar (übrig)bleiben
restaurante Restaurant
resto Rest
resultato Resultat, Ergebnis
retardamento, retardo Verspätung
in retardo verspätet
rete Netz(werk)
retener (-tent-) zurück(be)halten
retornar zurückreisen, zurückkehren
retro zurück, rückwärts
revenir zurückkommen, wiederkehren
revider (-vis/-vist-) wiedersehen, überprüfen, revidieren
revista Zeitschrift
ric reich
richessa Reichtum
rider (ris-) lachen
rigide steif, starr, streng
risco Risiko
riso Lachen, Gelächter
riviera Fluss, Strom
rivo Bach
roba Kleid; Kleidung
robar stehlen, (be-)rauben
rocca Fels(en)
rolar rollen
ronde rund
rosa Rose
rosiero Rosenstock
rota Rad
rubie rot
ruito Lärm
rumper (rupt-) (zer-)brechen

S

sabbato Samstag
sablo Sand
sacco Sack
sage [-dsche] weise
saison Jahreszeit
sal Salz
sala Saal
salin salzig, Salz-
salon Wohnzimmer, Salon
salsicia Wurst
saltar springen
salutar (be-)grüßen
salute Gruß
salute! Hallo! Sei gegrüßt!
salvage [-dsche] wild
salvar retten
salvo außer
san gesund
sancte heilig
sanguine Blut
sanitate Gesundheit
saper wissen
sapon Seife

sapor Geschmack (Speise)
sasir ergreifen
satis ausreichend, genug, ziemlich
satisfaction Genugtuung, Befriedigung
scala Treppe, Stufe
scalia Schale, Schuppe
scarpa Schuh
scena Szene
schola Schule
scientia Wissenschaft
scopa Besen
scopo Ziel, Zweck
scriber (script-) schreiben
scriptorio Schreibtisch
scuto (Wappen-)Schild
se sich
secale Roggen
secar (sect-) schneiden
secrete geheim
secreto Geheimnis
seculo Jahrhundert
secunda Sekunde
secunde zweite, -r, -s
secundo gemäß, laut
secur sicher
sed aber
sede Sitz
seder (sess-) sitzen
sedia Stuhl
seliger (-lect-) auswählen, selektieren
semblar (er-)scheinen
semi- halb-
semine Samen
sempre immer
senior (sr.) Herr
seniora (sra.) Dame; Frau *(Anrede)*
senioretta (srta.) Fräulein
sensibile empfindlich
sensate gescheit
senso Sinn, Gefühl
sentiero Pfad
sentimento Gefühl(sregung), Empfindung, Emotion
sentir (sens-) fühlen, empfinden
separar trennen
septe sieben
septanta siebzig
septimana Woche
septime siebte, -r, -s
sequer (secut-) (be-)folgen
seriose seriös, ernst
sero Serum
serra Säge
serrar verschließen; sägen
serratura (Tür-)Schloss
serreria Sägewerk
servicio Dienstleistung, Service
servir (be-)dienen
servitor Bedienung, Kellner
session Sitzung
seta Seide; Borste
sete Durst
sever streng
sex sechs
sexanta sechzig
sexo Geschlecht
sexte sechste, -r, -s
si ja; wenn, falls, ob
si ... como genauso ... wie
si ... que so ... dass
sia ... sia sei es ... sei es
sibilo Zischen, Pfeifen
sic trocken
siccar trocknen
signatura Unterschrift
significar bedeuten
signo Zeichen
silente still
silentio Stille
silva Wald, Gehölz
simia Affe
simile ähnlich
simple einfach
sin ohne
singule einzeln
si-nominate sogenannte, -r, -s
situla Eimer
sobrie nüchtern
social sozial
societate Gesellschaft
socio Partner
sojorno Aufenthalt
sol Sonne; einsam
solemne feierlich
soler die Gewohnheit haben, pflegen
solide fest, solide
solmente nur, bloß *(Adv.)*
solo Boden
solo nur, bloß; allein *(Adj.)*
solution Lösung
solver (solut-) lösen
somno Schlaf
somnolente schläfrig
sonar klingeln, klingen, spielen (Musik)
sonio Traum
sono Ton, Klang, Laut
soror Schwester
sorta Sorte, Art
sorte Schicksal
sortir (her-)ausgehen

sovente oft
sparniar sparen
spatio Raum, Weltraum
special speziell
specie Art, Gattung
spectar zuschauen
speculo Spiegel
spero Hoffnung
spina Rückgrat
spino Dornbusch
spinula Stecknadel
spirar atmen
spisse dick, dicht
sport Sport
stadio Stadium
stagno Teich, Weiher
stanno Zinn
star stehen
station Station
stato Zustand, Staat
stella Stern
stilo Stil; Bleistift
stoppar stopfen, stecken, stoppen, anhalten
strata Straße
strato Schicht
strepito Getöse, Lärm
stricte streng, eng
structura Struktur
studente Student
studiar studieren
studio Studium, Studio
stupide stumpfsinnig, dumm
su sein, -e, -r; ihr, -e, -es
le sue die seinigen; die Ihrigen
sub unter
subite plötzliche, -r, -s *(Adj.)*
subito plötzlich *(Adv.)*
subjecto Thema, Gegenstand
sublevar hochheben
substantivo Nomen, Substantiv
succeder (**-cess-**) (nach-)folgen, gelingen
successo Erfolg
succo Saft
succussa Schütteln
succuter (**-cuss-**) schütteln
sucro Zucker
sud Süden
sudor Schweiß
suer (**sut-**) nähen
sufficer ausreichen, genügen
sufficiente ausreichend
suffixo Suffix
sufflar pusten, blasen, hauchen
sufflo Hauch, Blasen
suffocar ersticken
suffrer leiden, dulden
suger (**suct-**) saugen
suggestion Suggestion
super über, auf
superar überwinden
superficie Oberfläche
superflue überflüssig
superior höher, ober
suppa Suppe
supponer (**-posit-**) vermuten
supportar ertragen, unterstützen
supra über
sur auf
surde taub
surprender (**-pris-**) überraschen
surprisa Überraschung
surrider (**-ris-**) lächeln
surriso Lächeln
suspirar seufzen
suspiro Seufzen
sustener (**-tent-**) stützen
susurro Summen, Säuseln
sympathic sympathisch
synopse Synopse

T

tabaco Tabak
tabula Tisch
tacer schweigen
tal solch, derartig, so ein
taliar (zu)schneiden
talon Ferse, Abschnitt
tamben auch
tamen dennoch
tante so viel(e)
tanto so viel
tanto ... como so viel ... wie
rational vernünftig
tapete Teppich; Tapete
tarde spät
tasca Tasche, Beutel
tassa Tasse
taxa Taxe, Steuer
taxi Taxi
te dir, dich
technica Technik
tecto Dach, Zimmerdecke
tela Tuch, Leinwand, Gewebe
telephonar telefonieren, anrufen
telephono Telefon
television Fernsehen
temperamento Temperament
tempesta Sturm, Gewitter
tempore Zeit, Wetter

tenace beständig, ausdauernd
tender (**tens-**) spannen
tener (**tin-/tent-**) halten
tenere weich, zart, sanft
tentar versuchen
tentativa Versuch
tenue dünn, schlank
terra Erde
terreno Gelände, Land
terrer (er-)schrecken
terribile schrecklich
tertie dritte, -r, -s
teste Zeuge
texer (**text-**) weben
texito Gewebe
texto Text
the Tee
theatral theatralisch
thema Thema
timbro Briefmarke, Stempel
timer fürchten
timide ängstlich, schüchtern
timor Furcht
tinta Tinte
tirar ziehen
titulo Titel
toccar berühren
tocco Berührung
tonar donnern, toben
tonder (**tons-**) scheren
tonitro Donner
tono Tonne
tornar drehen, drechseln
torquer (**tors-/tort-**) winden, drehen
torta Kuchen, Torte
torto falsch
tortuca Schildkröte
tosto bald, gleich
plus tosto eher, früher
tote ganz
totevia jedoch, dennoch
toto ganz, alles
tour Rundreise, Tour
trabe Balken
tracia Spur, Fährte
tractar behandeln, verhandeln
tracto Strich, Schachzug
traducer (**-duct-**) übersetzen
tragic tragisch
traher (**tract-**) ziehen
trainar trainieren
traino Zug, Schleppe
trair verraten
trans über ... hinaus
transir überqueren
transmitter (**-miss-**) übermitteln
transverso quer durch
a transverso (**de**) hindurch
travalio Arbeit
tremular, **tremer** zittern, beben
trenta dreißig
tres drei
tribuna Bühne, Tribüne
triste traurig
tritico Weizen
troppo zu viel
trovar finden
trovar se sich befinden
tu du, dein
le tue deine
tubo Rohr, Röhre, Tube
tumba Grab(mal)
tunc damals, dann
turba Menge, Gedränge
turre Turm
tussir husten

U

ubi wo
ubicunque wo immer auch
ubique überall
ulle irgendein
ulterior später, weiter
ultime letzte
ultra außer, jenseits
umbra Schatten
un ein /-e, eins (Zahl)
unda Welle
unir vereinigen
universitari Universitäts-
universitate Universität
universo Universum
unquam irgendeinmal
urban urban, städtisch
urbe Stadt
urgente dringend
usar benutzen, anwenden
uso Anwendung, Verwendung
usque (**a**) bis (zu)
usual gewöhnlich, üblich
utensile Gerät, Werkzeug
utile nützlich, dienlich
utilisar nutzbar machen
uva Weintraube

V

vacantia(s) Urlaub, Ferien
vacca Kuh
vacue leer
vader (**-vas-**) gehen
vagar umher wandeln
valer gelten
valle Tal
valor Wert

valvula Klappe, Ventil, Wasserhahn
van vergeblich
variar variieren
varie mannigfaltig, zahlreich
vaso Vase, Gefäß
vaste wüst, öde, weit, ausgedehnt
vegetal Pflanze, Gewächs
vehiculo Fahrzeug
vela Segel
velo Schleier, Gaumensegel
velocitate Geschwindigkeit
vena Ader, Vene
vender verkaufen
vendita Verkauf
veneno Gift
venerdi Freitag
vengiar [-dschar] rächen
venir (**vent-**) kommen
vento Wind
ventre Bauch
ver wahr, aufrichtig
verbal verbal, mündlich
verbo Verb
verde grün
verdura Grünzeug, Gemüse
vergonia Scham, Schande
verificar verifizieren, auf Wahrheitsgehalt prüfen
verme Wurm
verso gegen (Richtung), nach, zu
verter (**vers-**) wenden, kehren
vespere Abend
vestimento Kleidung
vestir se sich anziehen
vetere, **vetule** alt
via Straße, Weg
viage [-dsche] Reise, Fahrt
viagiar [-dschar] reisen
vice Reihe, Stelle, Mal
a vices manchmal
vicin nahe(gelegen), in der Nachbarschaft
vicino Nachbar
victima Opfer
victoria Sieg
vider (**vis-/vist-**) sehen
vidua Witwe
vigilar wachen
village [-dsche] Dorf
vincer (**vict-**) gewinnen
vino Wein
vinti zwanzig
violente gewaltsam, heftig
virga Rute, Stab, Stange
viro Mann
visar auf etwas absehen
visita Besuch
visitar besuchen
vista Sehen, Sicht, Blick
viste que in Anbetracht, dass
vita Leben
vite Schraube
vitro Glas
vive lebend, lebendig
viver leben
vivificante belebend
vocabulario Wortschatz
vocabulo Word
vocar rufen
voce Stimme
volante Lenkrad, Steuerrad
volar fliegen
voler wollen
volo Flug
voluntarie freiwillig
voluntate Wille
volver (**volut-/volt-**) rollen, umdrehen
vos Sie, ihr, Ihnen, euch
vostre euer, -e, -es; Ihr, -e, -es
voto Gelübde, Schwur, Stimme *(pol.)*
vulnerar verletzen, verwunden
vulnere Verletzung, Wunde

W, X, Y, Z
west Westen
zelo Eifer
zero Null
zoologia Zoologie

www.ingramcontent.com/pod-product-compliance
Ingram Content Group UK Ltd.
Pitfield, Milton Keynes, MK11 3LW, UK
UKHW021127260726
13994UKWH00001B/20